2003

中国广告摄影年鉴

China Advertising Photography YEAR BOOK

拍竞中国

目　录
Contents

2003
中国广告摄影年鉴
China Advertising
Photography
YEAR BOOK

序　言

呈现在您面前的是《中国广告摄影年鉴》2003年版。《中国广告摄影年鉴》创刊于1999年，它记录着我国广告摄影发展的全过程。

我国广告摄影的发展得益于我国广告业的快速发展，自1979年我国恢复第一条商业广告以来，中国广告业一直保持强劲、高速的发展态势。到2002年，全国广告经营额已经突破900亿元人民币，跻身世界广告大国之列。广告业的快速发展，为广告摄影的发展营造了巨大的市场空间。而广告摄影在近20年的发展历程中时起时落，直到进入上个世纪90年代后期才形成较为稳定的市场环境。"全国广告摄影优秀作品展暨全国十佳年度广告摄影师评选"活动和《中国广告摄影年鉴》的出版为中国广告摄影行业的稳步发展起到了积极的促进作用。

我国的广告摄影从无到有，从小到大经历了近20年的发展过程，现在正在经历着从无序到有序，从混沌向规范的发展阶段，这需要我们大家的共同努力，需要全体从业人员的共同努力。可喜的是，近年来广告摄影的市场环境开始走向成熟，以广州、上海、北京为代表的区域市场已经形成，并向周边区域辐射。以各地广告协会为依托的地区广告摄影专业委员会开始建立;大批的广告摄影新人加入到广告摄影行列中来，2002年参赛人员中有60~70%是前几届未露过面的新人，非常年轻，但作品的成熟度却比较高，这将是广告摄影行业的一支生力军;同时表现出来的另一突出特点是创意意识的迅速提升，实现了从技艺层面向创意层面的跨越，这标志着我国广告摄影行业开始了由广告摄影阶段向商业摄影阶段的跨越。

《中国广告摄影年鉴》自出版以来更侧重展示"全国广告摄影优秀作品展暨全国十佳年度广告摄影师评选"的获奖作品。随着广告摄影行业的进步，《年鉴》的市场化运作模式也在逐渐地走向正轨。从本年度开始，我们改变了以往按作品类别排序的方法，完全采用国际上"广告摄影黑皮书"的编排惯例，按摄影师姓氏编排，突出展示摄影师的创作个性和作品风格，并且吸纳了欧美"黑皮书"的版面操作模式，使这本2003年版《年鉴》更与国际同步。

我希望通过这次操作模式的调整，使《年鉴》更具商业价值，更好地成为摄影师通往市场的桥梁，成为广告公司、工商企业、图片公司了解及选择摄影师的工具，为中国广告摄影的繁荣与发展做更多贡献。

本届大赛评委会主任
《现代广告》杂志主编　　**陈　永**

2003年8月

Preface

Chen Yong, Chairman of Jury Committee, Chief-editor of Modern Advertising

This is China Ad Photography Year Book of 2003. The book started publication in 1999. It records the whole process of ad photography development.

The development of China ad photography benefits from the quick development of China ad industry. It has kept rapid development since the renewal of first piece of commercial advertisement in 1979. The turnover of China advertisement has broken through 90 billion RMB which means China advertising industry has ranked among the world's top ad countries. Also, the development of the advertisement has made great marketing for the ad photography development. in fact, the market environment becomes steady until the 90s in the last century after taking almost twenty-year detour road. The National Ad Photography Exhibition, Top Ten Ad Photographers Awards and The China Year Book have played positive role in the development.

China ad photography has grown out of nothing from small to large for 20 years, and now it is undergoing the period of keeping in order and of becoming mature. Undoubtedly, it needs our continuous effort to make it better. We should be gratified with the tendency of its becoming mature, the zone market has been set up in Guangzhou, Shanghai and Beijing and the ad photography committees have been founded all over the nation which was based on local ad union. So many people have joined in us these years. 60 to 70 percent of the entrants are new comers who are very young compared to their works and will become the main force in ad photography industry. The other feature is the rapid promotion in idea creation which shows a stride change from artistry to idea creation. It will be a milestone in our transcendence to business ad photography.

Since the first publication of the China Advertising Photography year Book, it has mainly shown the award-winning works from the China National Exhibition of Excellent Advertising Works & the Selection of the China Annual Ten Best Advertising Photographers. The marketing mode of the Book is stepping on the right path along with the progress of ad photography industry. from this year on, we will change the sorting mode from sorting in works sequence to sorting in name sequence which is according to the international practice. This can also highlight the individuality of the photographers and their style of works.

I wish this change in operation mode would make the Book with more commercial value. It will be a bridge between photographers and the market and a tool for ad agencies, enterprises, photograph corporations in choosing photographers. I wish it would make more contributions to the prosperity and development of China advertising photography.

评审团概况

陈　永：

《现代广告》杂志主编

中国广告协会学术委员会委员

张善夫：

中国管理科学研究院经济论坛常务理事

上海市广告协会会员、理事

上海三维应用摄影技术研究所高级摄影师

1999、2000、2001连续三年获得年度“全国十佳广告摄影师”称号

薛振添：

麦肯光明(北京)公司创意总监

刘　是：

著名广告导演，创意总监

多届亚洲、中国广告大奖及全球华文广告大奖评委

娟　子：

著名时装摄影师

中国纺织出版社任时装摄影图片编辑并从事时装、人物摄影

江　柳：

雅芳(中国)有限公司市场部广告公关经理

2003

中国广告摄影年鉴

China Advertising Photography YEAR BOOK

Team members of examining and appraising

ChenYong

Editor-in-chief of Modern Advertising

Member of Acade Academic Committee of China Ad Association

Zhang Shanfu

Managing Director of Economic Forum of China Administration Science Research Institution

Member and Director of Shanghai Ad Association

Senior Photographer of Shanghai Three-dimension Photograph Technology Institution

"Top Ten China Ad Photographer" in 1999、2000 and 2001

Xue Zhentian

Creative Director of McCann-Erickson Guangming Ltd.

Liu Shi

Famous ad director and creative director

Judge of Asian and China Ad Competitions

Juan Zi

Famous Fashion Photographer

Photo Editor of China Spin Press

Jiang Liu

Ad. Public Relations Manager of Marketing Department of Avon Limited Co.

2003

中国广告摄影年鉴

China Advertising Photography YEAR BOOK

年度十佳广告摄影师目录

Contents of Top Ten Phtographers

中国广告摄影年鉴
年度全国十佳广告摄影师
TOP TEN PHOTOGRAPHYER

万 诚 Wan Cheng

地址：上海市虹口区三门路 767 号
邮编：200439
电话：021-65367266
传真：021-65367255
手机：13901852647
E-mail: yingzhen@online.sh.cn
Http: //www.studio-yingzhen.com

上海映真专业摄影企划有限公司董事长及首席摄影；

1989 年赴日本留学，并于 1995 年获日本国立大学硕士学位。之后在日本广告摄影公司从事机械、家电产品、汽车等广告摄影工作；

1997 年创立上海映真专业摄影企划有限公司；

作品多次在广告摄影展及摄影比赛中获奖：

1996 年获日本东广岛市国际交流摄影展优秀奖；

1999 年获上海国际创新设计博览作品展创新设计奖；

2000 年获第二届全国广告摄影展铜奖；

2001 年获第三届全国广告摄影展银奖一枚，铜奖一枚，入围奖三枚；

2002 年获第四届全国广告摄影展金奖一枚、银奖一枚、铜奖两枚、入围奖三枚，并获得年度"全国十佳广告摄影师"称号。

Board Chairman And Photographer of Shanghai Yinzhen Professional Photography Limited Co;

Studying in Japan in 1989 And Acquire Master Degree of Japan National University in 1995;

Then Establishing Shanghai Yinzhen Professional Photography Limited Co. in 1997;

His Works Have Been Awarded in Ad. Photography Exhibition And Photography Competition for Many Times:

Japan Dongguang City International Communication Prize in 1996;

Bronze Prize in Second National Ad. Photographic Exhibition in 2000

One Silver Prize , One Bronze Prize in The Third National Ad Photography Exhibition in 2001;

One Silver Prize , One Bronze Prize in The Fourth National Ad. Photography Exhibition in 2002,And Top Ten Ad. Photographer in China in 2001and 2002.

奖项：金奖　**作品名称**：香脆　**作品类别**：食品饮料、医药保健品类

Award: Gold　Title: Crispy　Category: Food, Beverages,Heathcare Products,Medicine

奖项：银奖　**作品名称**：水的惑星　作品类别: 食品饮料、医药保健品类
Award: Silver　Title: The Allure of Water　Category: Food, Beverages,Heathcare Products,Medicine

奖项：铜奖　**作品名称**：生命蛋　**作品类别**：食品饮料、医药保健品类

Award: Bronze　Title: Living Egg　Category: Food, Beverages,Heathcare Products,Medicine

万诚 刘嘉军 Wan Cheng Liu Jiajun

奖项：铜奖 **作品名称：**味 **作品类别：**食品饮料、医药保健品类

Award: Bronze Title: Taste Category: Food, Beverages,Heathcare Products,Medicine

作品名称：酷　**作品类别**：个人及家庭用品类　**奖项**：入围奖

Title: Cool　Category: Personal & Home Products　Award: Shortlist

作品名称：冰焰　**作品类别：**食品饮料、医药保健品类　**奖项：**入围奖

Title: Icy Flame　Category: Food, Beverages,Heathcare Products,Medicine　Award: Shortlist

作品名称：膜的魔力　Title: Film's Magic

作品名称：绿色的转换　**作品类别：**公益及其他类　**奖项：**入围奖

Title: Green Transform　Category: Public Services & Others　Award: Shortlist

明月　The Bright Moon

阳光的记忆　Sunshine's Memory

陶醉 Inebriation

朝露 The Dew

午后的惊喜 Surprise in the Afternoon

整平 Level

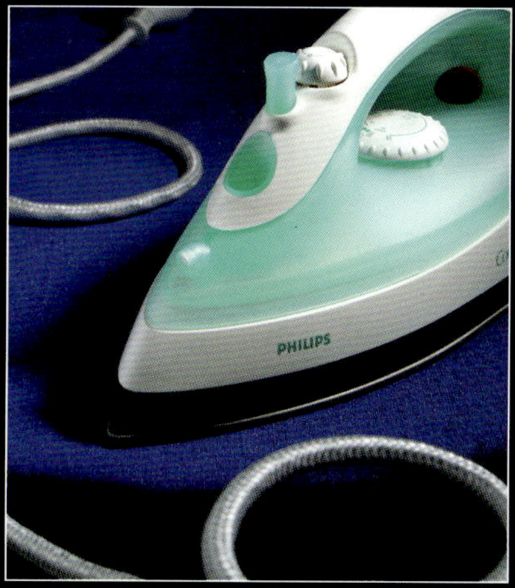

持久力 Permanence

交响乐 Symphony

中国广告摄影年鉴
年度全国十佳广告摄影师
TOP TEN PHOTOGRAPHYER

王 琛 Wang Chen

地址：深圳市福田区天安数码城天吉大厦(F5.8栋)7楼C1座
邮编：518040
电话：0755-83300701
传真：0755-83302782
手机：13322932323
E-mail: wangchen@963.net
Http: //www.135-120-220.com

深圳市新翔广告印务有限公司董事长兼总经理；

中国摄影家协会、中国新闻学会、中国艺术摄影学会会员，中国民俗摄影协会博学会士；

1965年出生于广州；

2001年荣获中国艺术摄影学会授予的"中国优秀摄影家"称号；

2002年被中国《华夏人文地理》聘为特约摄影师；

2001、2002年连续获得年度"全国十佳广告摄影师"称号；

作品曾多次在国内专业杂志上发表并在国内外摄影大赛上获奖。

Board Chairman And General Manager of Shenzhen Xinxiang Ad Printing Limited Co;

Member of China Photographers' Association、China News Association、China Art Photography Society And China Folk-custom Photography Association;

Born in Guangzhou in 1965;

" China Excellent Photographer" Awarded By China Art Photography Society in 2001;

Special Photographer of China Human Geography in 2002;

Top Ten Ad. Photographer in China in 2001and 2002;

His Works Were Released in China Is Special Magazine And Awarded in Photograph Completions for Many Times.

奖项：银奖 **作品名称：**人与自然之二 **作品类别：**旅游及商业服务类
Award: Silver Title: Man and Nature II Category: Tourism & Services

奖项：铜奖　**作品名称**：人与自然之五　**作品类别**：旅游及商业服务类
Award: Bronze　Title: Man and Nature V　Category: Tourism & Services

奖项：铜奖　**作品名称**：人与自然之八　**作品类别**：旅游及商业服务类
Award: Bronze　Title: Man and Nature VII　Category: Tourism & Services

作品名称：人与自然之十　**作品类别**：旅游及商业服务类　**奖项**：入围奖
Title: Man and Nature Ⅹ　Category: Tourism & Services　Award: Shortlist

奖项：铜奖　**奖项**：铜奖**作品名称**：人与自然之九　**作品类别**：旅游及商业服务类
Award: Bronze　Title: Man and Nature Ⅸ　Category: Tourism & Services

群山云海　Cloud Sea & Groups of Mountains

月亮湾　Moon Brook

仙境　Fairyland

理堂白塔寺开光　Light Opening Consecration, White Pagoda Temple ,Litang

中国广告摄影年鉴

年度全国十佳广告摄影师

TOP TEN PHOTOGRAPHYER

刘建新 Liu Jianxin

地址：上海市西康路699弄1号楼404室
邮编：200060
电话：021-62585249 25887957
传真：021-62582237
手机：13916047285
E-mail: Santong_ad@163.com
Http://www.web.biz-sh.cn/2002/321/032114.htm

上海三通广告有限公司总经理；

上海市广告摄影专业委员会副主任，中国摄影家协会会员，中国对外经贸摄影学会会员；

1952年出生；

1979年开始从事专业广告摄影，先后为通用汽车、三星、LG、可口可乐、百事可乐、雀巢、花王、联合利华、诺基亚、厦新、毕胜客等著名品牌提供摄影服务；

作品多次在广告摄影展及摄影比赛中获奖：

1983年获全国出口商品摄影广告展一等奖；

1988年获全国青年十大摄影家奖；

1991年获全国广告作品展银奖；

1992年获"上海十佳优秀广告工作者"称号；

1995年获全国广告作品展金奖、铜奖；

1999年获首届全国广告摄影优秀作品展银奖；

2001年获第三届全国广告摄影优秀作品展银奖；

2002年获得年度"全国十佳广告摄影师"称号。

General Manager of Shanghai Santong Ad Limited Co;

Vice-director of Shanghai Ad. Photograph Committee;

A Member of China Photographer Association、China Foreign Trade Photography Society;

Born in 1952;

Beginning in 1979 Special Ad Photography ,Serving for Ge Moter, Samsung, LG ,Coco Cola, Pepsi, Nestle, Fa Universal, Nokia, Moisonic;

Awarded in Photography Exhibition And Competition for Many Times;

First Prize in China Export Goods Photography Ad Exhibition;

China Top Ten Young Photographer;

Silver Medal Awarded By China Ad. Works Exhibition in 1991;

Top Ten Exercellent Ad. Worker in Shanghai in 1992;

Golden Medal And Bronze Medal Awarded By China Ad. Works Exhibition in 1995;

Silver Medal Awarded By First China Excellent Ad. Photography Works Exhibition in 1999;

Silver Medal Awarded By The Third China Excellent Ad. Photography Works Exhibition in 2001;

Top Ten China Ad. Photographer in 2002.

奖项：金奖　**作品名称**：激活　**作品类别**：雅芳主题创作类

Award: Gold　Title: Activation　Category: Avon-themed Creativity Competition

作品名称：活力再生　**作品类别：**雅芳主题创作类　**奖项：**入围奖

Title: Rejuvenation　Category: Avon-themed Creativity Competition　Award: Shortlist

作品名称：再生霜　**作品类别：**雅芳主题创作类　**奖项：**入围奖

Title: Retroactive Cream　Category: Avon-themed Creativity Competition　Award: Shortlist

作品名称：鲜活 **作品类别**：雅芳主题创作类 **奖项**：铜奖

Title: Fresh Category: Avon-themed Creativity Competition Award: Bronze

手指部落的空间　Space for fingers

把加洲装进去　Put California in it

美能达相机　Minolta camera

沟通无限，快乐无边　Limitless Communication and Boundless Joy

中国广告摄影年鉴

年度全国十佳广告摄影师

TOP TEN PHOTOGRAPHYER

刘嘉楠 Liu Jianan

地址：北京市朝阳区和平街北口北京服装学院
邮编：100029
电话：010-64288285
手机：13911627139
E-mail: Jiangxi1234@263.net

1977年5月15日出生；

1988年开始学习美术，转战于群众艺术馆和各美术中学之间；

1996考入无锡轻工大学设计学院，学习了四年的平面设计；

2000年，考入清华大学美术学院(原中央工艺美术学院)装潢系摄影专业攻读硕士研究生；

2002年获得年度"全国十佳广告摄影师"称号；

2003年至今，在北京服装学院艺术设计学院任教。在《汽车族》杂志担任过艺术总监，《中国体育》杂志做过设计和摄影。

Born in 1977;

Beginning to Study Art in 1988;

Enrolled By Wuxi University Majored in Print Designer for Four Years;

Enrolled By Qinghua University Decoration Department;

Top Ten China Ad. Photographer in 2002;

Teaching in Beijing Art College Till Now from 2003;

Art Majordomo in Car Magazine, Designing for China Sports.

奖项：银奖 **作品名称：**宝马 Z3，2002，多特蒙德 作品类别: 交通工具类
Award: Silver Title: BMW,2002, Dortmund Category: Transportation

奖项：铜奖　**作品名称：**奥迪 Tt，2002，多特蒙德　**作品类别：**交通工具类

Award: Bronze　Title: Audi Tt,2002, Dortmund　Category: Transportation

奖项：铜奖　**作品名称**：保时捷，2002，多特蒙德　**作品类别**：交通工具类

Award: Bronze　Title: Porsche ,2002, Dortmund　Category: Transportation

作品名称：大众 PASSAT，2002，多特蒙德 **作品类别**：交通工具类 **奖项**：入围奖

Title: VW PASSAT，2002，Dortmund Category: Transportation Award: Shortlist

作品名称：奔驰，2002，阿姆斯特丹　**作品类别**：交通工具类　**奖项**：入围奖

Title: Mercedes-Benz 2002, Amsterdam　Category: Transportation　Award: Shortlist

作品名称：新甲克虫，2002，多特蒙德

Title: New Beetle 2002, Dortmund

中国广告摄影年鉴
年度全国十佳广告摄影师
TOP TEN PHOTOGRAPHYER

宋 波 Song Bo

地址: 上海市长宁区紫云路400弄4号甲二楼
邮编: 200051
电话: 021-62413891
传真: 021-32116170
手机: 13801753068
E-mail: songbo@studio-songbo.com

1974年出生;

1987-1992年学习摄影;

1992-1996年大学主修绘图本科专业，学士学位，选修摄影及暗房制作;

1995-1996年在加拿大摄影师工作室全职实习;

1996-1998年在加拿大摄影师工作室任摄影师;

1998年独立创办"宋波摄影工作室"，成为当年最年轻的时装摄影师;

1999工作室正式改名"STUDIO-S/宋波摄影工作室"，起用全新CI标识系统;

1999年与日本著名时装杂志《HF》摄影师交流学习，获"润研江南行"时尚摄影评选冠军;

2000－2001年赴香港、新加坡，与当地及国际时尚摄影师交流学习;

2001年应"1ST COSMOPOLITIAN SHOW CHINA""首届中国时尚展"主办单位邀请，在上海作为期4天的个人时尚摄影作品展，并在摄影展开幕酒会上宣布成立"宋波第二工作室/STUDIO-S II"及"IMAGE-S/I视觉传播";同年，"宋波工作室网站WWW.STUDIO-SONGBO.COM"开通;

2002年与中国最具实力的模特公司"概念98"(GALAXY98)及著名造型师徐艳飞合作组成首家时尚联盟;

2002年工作室正式改名为"宋波摄影传播机构""第二工作室""STUDIO-S II"正式启用;

2002年获得年度"全国十佳广告摄影师"称号。

Born in 1974;

1987-1992, Studying Photography;

1992-1996, Majoring in Cartography;

1995-1996, Practice in Canada Photography Studio;

1996-1998, Working As Photographer in Canada Photography Studio;

Originate "Songbo Photograph Studio", Being The Youngest Fashionable Dress Photographer in 1998;

Renaming "Studio-s/ Songbo Photography Studio",Using New CI;

Studying And Communicating With Japanese Famous Fashion Magazine Hf in 1999, Winning a gold Prize in a Vogue Photography Tournament;

Communicating With Local Photographers in Hong Kong, Singapore from 2000 to 2001;

Holding 4-day-long Vogue Photography Articles Works at The Invitation By "1st Cosmopolitan Show China" in 2001, And Declaring The Foundation of Songbo Studio-s II And Image-s/I at The Opening Sitting; Www.studio-songbo.com Came into Use at The Same Year;

Setting Up The First Vogue League Consolidated With The Famous Model Company Galaxy98 And Its Designer.

Changed The Name of The Company to Studio-s II Formally in 2002;

"Top Ten China Ad. Photographer" in 2002.

作品名称：耐克 NIKE 运女郎篇之一　**作品类别**：商业人像及服装类　**奖项**：入围奖
Title: NIKE Sportswoman I　Category: Personal Images & Clothing and Accessory　Award: Shortlist

作品名称：耐克 NIKE 运女郎篇之二　**作品类别**：商业人像及服装类
Title: NIKE Sportswoman II　Category: Personal Images & Clothing and Accessory

作品名称：耐克 NIKE 运女郎篇之三　**作品类别**：商业人像及服装类　**奖项**：入围奖
Title: NIKE Sportswoman III　Category: Personal Images & Clothing and Accessory　Award: Shortlist

作品名称：野蛮女友之一　作品类别: 商业人像及服装类　奖项: 入围奖

Title: Sassy Girl I　Category: Personal Images & Clothing and Accessory　Award: Shortlist

作品名称：野蛮女友之二　**作品类别：**商业人像及服装类　**奖项：**入围奖

Title: Sassy Girl II　Category: Personal Images & Clothing and Accessory　Award: Shortlist

作品名称：野蛮女友之三　作品类别: 商业人像及服装类

Title: Sassy Girl III　Category: Personal Images & Clothing and Accessory

作品名称：统一维C鲜橙多　**作品类别**：食品饮料、医药保健品类　奖项：入围奖

Title: Orangeate,President Enterprise Food & Drink Co.,Ltd

Category: Food, Beverages,Heathcare Products,Medicine　Award: Shortlist

李铁篇 Li Tie

李玮锋篇 Li Weifeng

祁宏篇 Qi Hong

广告 - 邦迪 -1　Band-Aid-1

广告 – Nike-1

广告 - 邦迪 -2　Band-Aid-2

广告 – Nike-2

广告 - 邦迪 -3　Band-Aid-3

中 国 广 告 摄 影 年 鉴
年度全国十佳广告摄影师
TOP TEN PHOTOGRAPHYER

广告－SONY

广告－飞利浦 Philips

广告－松下 National

广告－贝纳通 Benetton

广告－力波 Li Bo Beer

广告－可口可乐 Coca-cola

任达华 Ren Dahua

刘若英 Liu Ruoying

张曼玉 Zhang Manyu

张庭 Zhang Ting

任泉 Ren Quan

吴彦祖 Wu Yanzu

中国广告摄影年鉴
年度全国十佳广告摄影师
TOP TEN PHOTOGRAPHYER

张　超　Zhang Chao

在香港修读广告设计课程后，进身广告行业而认识摄影，为此而修读商业摄影课程。后因工作性质转变再修读立体设计课程，从而成为全面创作人；

80年代中期，在香港一家极具规模电子产品制作商任设计部经理及摄影部主任摄影师，数年后自立门户开设影室及设计公司，近年更专注摄影而少做设计；

2002年获得年度"全国十佳广告摄影师"称号。

Stepping into Ad Industry And Then Recognizing The Photography After Studying Ad Design Curriculum in Hong Kong. After That, He Studied Commercial Photography. Finally, He Becomes Omnipotent Designer Because His Work Character Needs Three-dimensional Design.

Being The Manager of Design Department And Chief Photographer of Photography Department at A Famous Hong Kong Electrical Company in The Middle of The 80's. He Set Up His Photography Company And Design Company Some Years Later. Now His Focus Lays More on Photography Than Design. Top Ten China Ad. Photographer in 2002.

地址：香港亞公岩635 地段3楼A-B座
电话：00852-26691080
传真：00852-26693178
E-mail: addyfoto@hotmail.com
Http://www.addyfoto.com

奖项：铜奖　**作品名称**：Ice G-Delightful　**作品类别**：个人及家庭用品类

Award: Bronze　Title: Ice G-Delightful　Category: Personal & Home Products

作品名称：Ice G-Colourful **作品类别：**个人及家庭用品类

Title: Ice G-Delightful Category: Personal & Home Products

作品名称：Ice G-Simple　**作品类别**：个人及家庭用品类

Title: Ice G-Simple　Category: Personal & Home Products

奖项：铜奖　**作品名称**：Ice G-Enjoyable　**作品类别**：个人及家庭用品类
Award: Bronze　Title: Ice G-Enjoyable　Category: Personal & Home Products

作品名称：Ice G-Beautiful **作品类别**：个人及家庭用品类

Title: Ice G-Beautiful Category: Personal & Home Products

中国广告摄影年鉴

年度全国十佳广告摄影师

TOP TEN PHOTOGRAPHYER

杨 璐 Yang Lu

手机: 13922241191
E-mail: huanxiangzhizao@163.com

1979 年郑州出生;

1995 年就读省工艺美术学校;

1998 年在北京基地摄影工作室任摄影师;

1999 年在中工艺进修摄影，半途与人合开影楼;

2000 年设立广州幻想制造专业摄影机构

2002 年获得年度"全国十佳广告摄影师"称号。

Born in 1979;

Studying at an Industrial Art School of Henan Province in 1995;

Engaged Photographer of Beijing Jidi Photography Studio in 1998;

In Advanced Studies in China Industrial Arts Institute in 1999;

Setting Up Guangzhou Fantasy Manufacture Professional Institution in 2000;

Top Ten China Ad. Photographer in 2002.

作品类别: 商业人像及服装类　**奖项：**入围奖

Category: Personal Images & Clothing and Accessory　Award: Shortlist

作品类别: 商业人像及服装类

Category: Personal Images & Clothing and Accessory

作品类别: 商业人像及服装类

Category: Personal Images & Clothing and Accessory

作品类别: 商业人像及服装类　**奖项**：入围奖

Category: Personal Images & Clothing and Accessory　Award: Shortlist

作品类别: 商业人像及服装类　**奖项**：入围奖

Category: Personal Images & Clothing and Accessory　Award: Shortlist

作品类别: 商业人像及服装类
奖项：入围奖
Category: Personal Images & Clothing and Accessory
Award: Shortlist

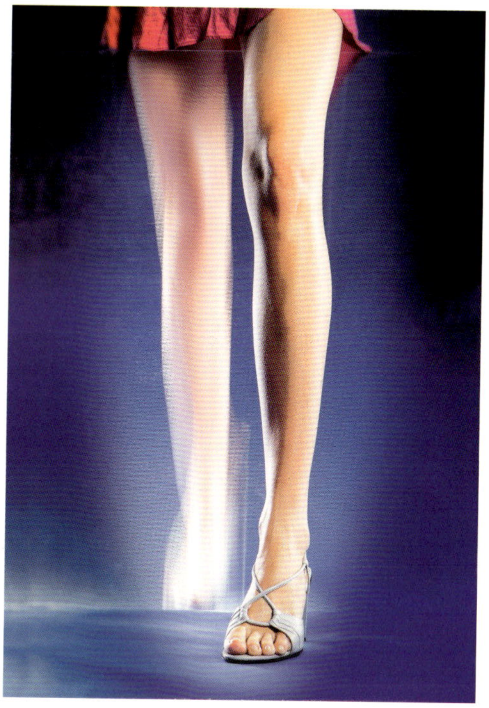

作品类别: 商业人像及服装类
奖项：入围奖
Category: Personal Images & Clothing and Accessory
Award: Shortlist

中国广告摄影年鉴

年度全国十佳广告摄影师

TOP TEN PHOTOGRAPHYER

贺建华 He Jianhua

地址：深圳市罗湖区草埔比华利山庄5栋105室
邮编：518019
电话：0755-25672866
传真：0755-25687664
手机：13903028180
E-mail: ferryman@szonline.net
Http: //www.cnferryman.com

职业摄影师；

深圳市摆渡人摄影设计有限公司船老大，执行创意总监；

从事商业广告摄影十余年，曾为国内外众多知名品牌和企业成功策划及拍摄创意广告，注重视觉心理学的研究与应用；

摄影作品在历届中国广告摄影大赛中获奖，并在国内外各专业杂志上发表作品多篇；

2001年获得年度“全国十佳广告摄影师”称号；

2002年被授予“中国优秀摄影家”称号；

2002年再次获得年度“全国十佳广告摄影师”称号；

其业绩被载入“中国专家名人辞典”及“世界名人录”。

Professional Photographer;

Originality Director of Shenzhen Baiduren Photography Limited Co;

Engaged in Commercial Ad Photography for Ten Years;

Top Ten China Ad. Photographer in 2001;

"China Excellent Photographer" In 2002;

Top Ten China Ad. Photographer in 2002;

Recorded By "Gradus of China's Experts & Celebrities" And "Gradus of World's Celebrities".

奖项：银奖 作品名称：e时代的饰品——钻石项链 作品类别：个人及家庭用品类
Award: Silver Title: Diamond Necklace: Accessory in E Generation Category: Personal & Home Products

奖项：铜奖
作品名称：冰之舞－铂金项链
作品类别：个人及家庭用品类
Award: Bronze
Title: Platinum Necklace: Dance of Ice
Category: Personal & Home Products

作品名称：铂金耳坠
作品类别：个人及家庭用品类
奖项：入围奖
Title: Platinum Earring
Category: Personal & Home Products
Award: Shortlist

作品名称：蓝色魅影－蓝宝石吊坠
作品类别：个人及家庭用品类
奖项：入围奖
Title: Sapphire Pendant: Phantom of Blue
Category: Personal & Home Products
Award: Shortlist

作品名称：黄金拉丝手镯及戒子
作品类别：个人及家庭用品类
Title: Gold Bracelet & Finger Ring
Category: Personal & Home Products

作品名称：彩晶石项链 **作品类别**：个人及家庭用品类 **奖项**：入围奖

Title: Color Opal Necklace Category: Personal & Home Products Award: Shortlist

作品名称：ANEW 新活再生霜 **作品类别**：雅芳主题创作类 **奖项**：入围奖

Title: Anew Retroactive Cream Category: Personal & Home Products Award: Shortlist

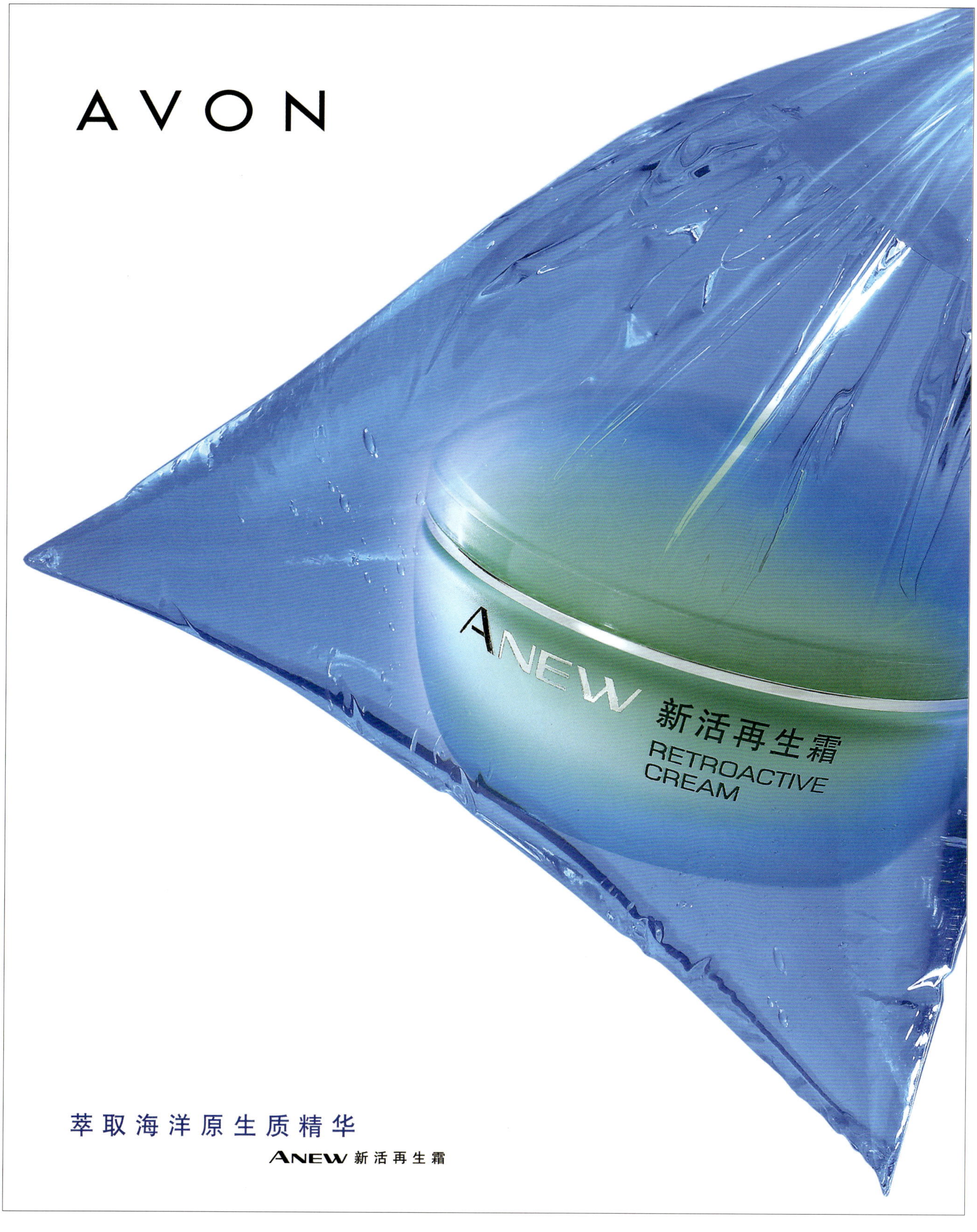

中国广告摄影年鉴

年度全国十佳广告摄影师

TOP TEN PHOTOGRAPHYER

夏永康 Xia Yongkang

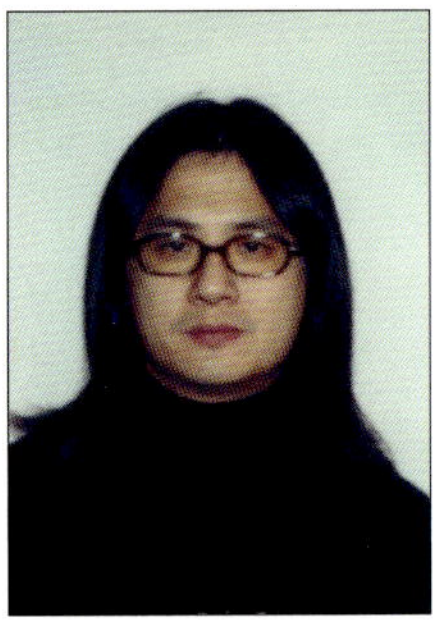

地址：香港铜锣湾礼顿道111号1702室
电话：00852-25753808
传真：00852-28310069
手机：13601282925
E-mail: Cathy@atworkshop.com

毕业于香港 LEE WAI LEE 技术学院；

加拿大 BFA 艾米丽职业美术与设计学院；

现就职 SHYA-LA-LA 制作有限公司，任总监；

曾获：温哥华印刷大奖赛一等奖；

日本 PARCO 希望摄影师奖；

纽约第 75 届年度艺术指导奖；

香港第 2 届年度相册设计奖；

HKIPP 大奖赛摄影银奖；

香港设计家协会大奖赛书籍平面设计金奖；

2001 年获得年度"全国十佳广告摄影师"称号；

2002 年被授予"中国优秀摄影家"称号；

2002 年再次获得年度"全国十佳广告摄影师"称号。

Graduating from Hongkong Lee Wai Lee Technology College And Canada Bfa Amili Professional Art And Design College;

Now Working in Shya-la-la Limited Co., As A Director;

Winning First Prize of Wengehua Print Competition;

Japan Parco Hope Photographer Prize;

Prize for New York 75th Annual Art Director;

Prize for Hong Kong 2nd Annual Album Design;

Silver Medal of Hkipp Photograph Competition;

Golden Medal of Hong Kong Designers Association Books Plane Design;

"Top Ten China Ad. Photographer" in 2001;

"China Excellent Photographer" In 2002;

"Top Ten China Ad. Photographer" Again in 2002.

奖项：金奖 作品名称：VOGUE III 作品类别：商业人像及服装类
Award: Gold Title: VOGUE III Category: Personal Images & Clothing and Accessory

奖项：银奖　**作品名称**：VOGUE IV　**作品类别**：商业人像及服装类
Award: Silver　Title: VOGUE IV　Category: Personal Images & Clothing and Accessory

奖项：铜奖　**作品名称**：VOGU VI　**作品类别**：商业人像及服装类
Award: Bronze　Title: VOGUE VI　Category: Personal Images & Clothing and Accessory

奖项：铜奖　**作品名称**：VOGUE IX　**作品类别**：商业人像及服装类

Award: Bronze　Title: VOGUE IX　Category: Personal Images & Clothing and Accessory

作品名称：VOGUE VII **作品类别：**商业人像及服装类 **奖项：**入围奖

Title: VOGUE VII Category: Personal Images & Clothing and Accessory Award: Shortlist

中国广告摄影年鉴
年度全国十佳广告摄影师
TOP TEN PHOTOGRAPHYER

傅百林　Fu Bailin

地址：温州市龟湖路海螺小区2幢118室
邮编：325000
电话：0577-88840821
传真：0577-88825457
手机：13806895680
E-mail: rayphoto@163.net

温州锐 · 意商业摄影机构创意总监；

1971 年出生于浙江；

1991 年师范毕业；

1992 年开始进行摄影创作；

1996 年获得“第二届中国人像摄影十杰”提名奖；

1998 年加入浙江省摄影家协会；

1999年当选为温州摄影家协会理事，并与他人成立中国新生代摄影机构；参加 1999 年中国新生代摄影全国巡回展；

1999 年获得“第三届中国人像摄影十杰”称号；

2000年加入中国摄影家协会；出版《中国新生代2000》摄影作品集；

2001 年创办 Ray 摄影机构；

2002 年被授予“中国优秀摄影家”称号；并获得 2002 年度“全国十佳广告摄影师”称号。

Creative Director Wenzhou Ruiyi Commercial Photography Institution;

Born in 1979;

Graduating from Normal School in 1991;

Starting Photography Creation in 1992;

Winning Nominated Medal of "Top Ten in The Second China Figure Photography";

Joining Zhejiang Provinceal Photographer Association;

Director of Wenzhou Photographer Association;

Winning"Top Ten in The Third China Figure Photography";

Joining China Photographer Association;

Photography Works Were Released in 2000;

Estabishing Ray Photography Institution;

Awarded "China Excellent Photographer" In 2002;

"Top Ten China Ad. Photographer" in 2002.

奖项：银奖　作品名称：作品 4　作品类别: 商业人像及服装类
Award: Silver　Title: Art Work 4　Category: Personal Images & Clothing and Accessory

奖项：铜奖　**作品名称**：作品七　**作品类别**：商业人像及服装类
Award: Bronze　Title: Art Work 7　Category: Personal Images & Clothing and Accessory

ODAK IMX 5052

ODAK IMX 5052

作品名称：作品 2 之一 **作品类别**：商业人像及服装类

Title: Art Work 2 1 Category: Personal Images & Clothing and Accessory

作品名称：作品 I 之一　**作品类别**：商业人像及服装类　**奖项**：入围奖

Title: Art Work I I　Category: Personal Images & Clothing and Accessory　Award: Shortlist

作品名称：作品 I 之三　**作品类别**：商业人像及服装类　**奖项**：入围奖

Title: Art Work I III　Category: Personal Images & Clothing and Accessory　Award: Shortlist

作品名称：作品 3　**作品类别：**商业人像及服装类　**奖项：**入围奖

Title: Art Work 3　Category: Personal Images & Clothing and Accessory　Award: Shortlist

作品名称：作品 2 之二　**作品类别：**商业人像及服装类　**奖项：**入围奖

Title: Art Work 2 II　Category: Personal Images & Clothing and Accessory　Award: Shortlist

作品 2　Art Work 2

作品名称：作品 I 之四　**作品类别：**商业人像及服装类　**奖项：**入围奖

Title: Art Work I IV　Category: Personal Images & Clothing and Accessory　Award: Shortlist

2003

中国广告摄影年鉴

China Advertising Photography YEAR BOOK

获奖及优秀作品目录

Contents of Winners & Excellent Works

奖项：最佳创意奖　银奖　**作品名称：**瑞士军刀　**作品类别：**个人及家庭用品类

Award: Best of Creativity Silver　Title: Swiss Army Knives　Category: Personal & Home Products

李楚益　Li Chuyi
Tel: 020-84218171

VICTORINOX

奖项：金奖　**作品名称**：魅力　**作品类别**：雅芳主题创作类
Award: Gold　Title: Charm　Category: Avon-themed Creativity Competition

作品名称：滋润　**作品类别：**雅芳主题创作类　**奖项：**入围奖

Title: Nourishing　Category: Avon-themed Creativity Competition　Award: Shortlist

作品名称：含苞欲放　**作品类别：**雅芳主题创作类　**奖项：**入围奖

Title: in Bud　Category: Avon-themed Creativity Competition　Award: Shortlist

嘉仕伯 Carlsberg Beer

爽透爽彻
畅快不绝
PABST BREWING CO
SINCE 1844
Blue Ribbon
Established in Milwaukee 1844
Pabst
Blue Ribbon
BEER
超爽
蓝带啤酒

白沙烟 Baisha Cigarette

冯新力 Feng Xinli
Tel: 010-62231916

奖项：铜奖 **作品名称**：时间的诉说 **作品类别**：个人及家庭用品类
Award: Bronze Title: Time Speaker Category: Personal & Home Products

梁 峰 Liang Feng
Tel: 020-84218171

奖项：金奖 作品名称：人类〝化石〞 作品类别：公益及其他类

Award: Gold Title: Human's 〝Fossil〞 Category: Public Services & Others

作品名称：雅芳 **作品类别**：雅芳主题创作类 **奖项**：入围奖

Title: Avon Category: Avon-themed Creativity Competition Award: Shortlist

"逐色换"写真打印机 "Multi-color Converted" Printer

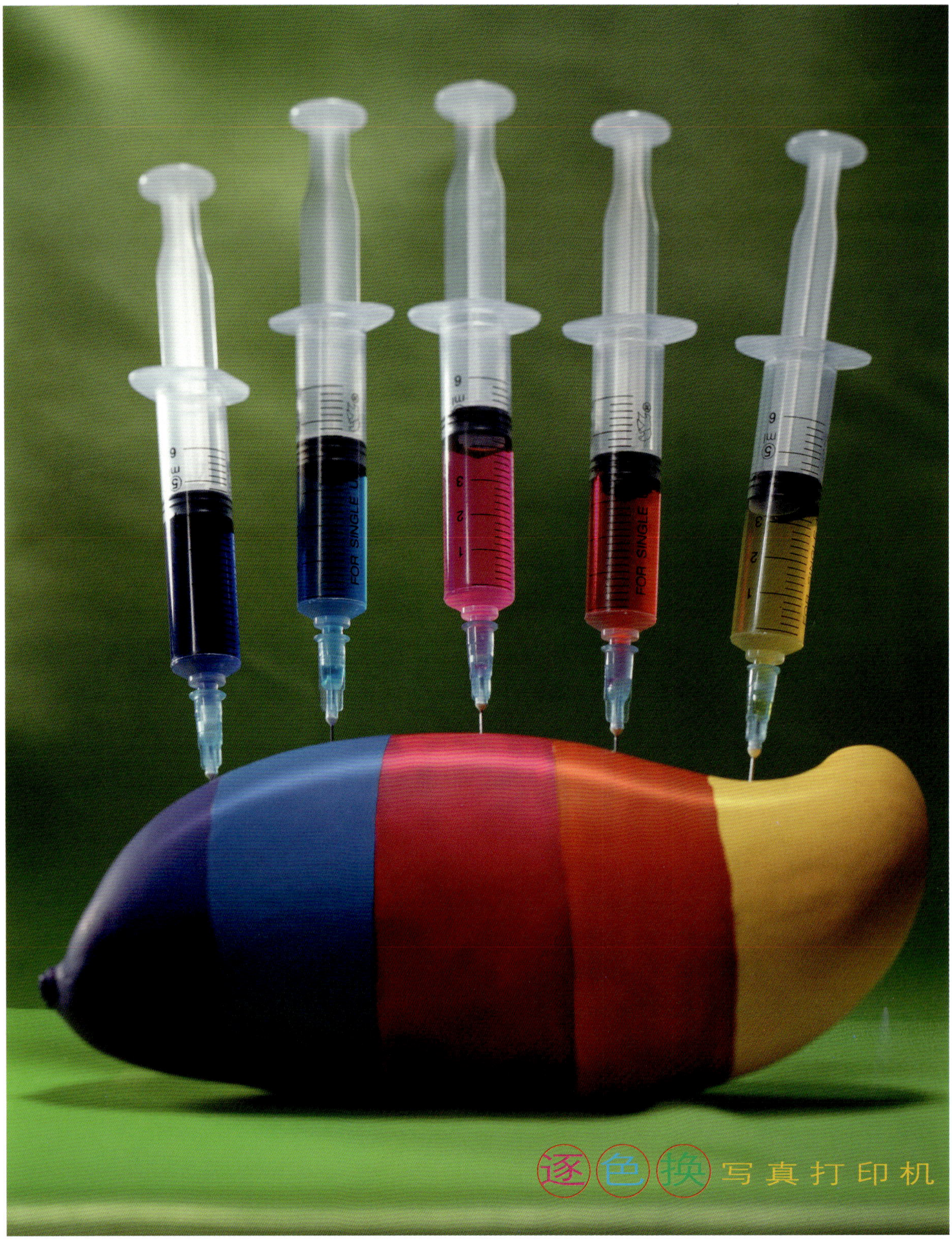

要数码不要胶卷 Digital, No Film

姚健堃 Yao Jiankun
Tel: 00852-25588110

奖项：银奖　**作品名称**：眼睛的愿望　**作品类别**：家用电器类
Award: Silver　Title: Desire for Eyes　Category: Home Electric Appliances

奖项：铜奖
作品名称：女孩和网
作品类别：商业人像及服装类
Award: Bronze
Title: Girl and Net
Category: Personal Images
& Clothing and Accessory

作品名称：令猫心动的东西 **作品类别：**家用电器类 **奖项：**入围奖

Title: Cat's Favorite Category: Home Electric Appliances Award: Shortlist

作品名称：强度的展现　**作品类别**：家用电器类　**奖项**：入围奖

Title: Fierce Opening　Category: Home Electric Appliances　Award: Shortlist

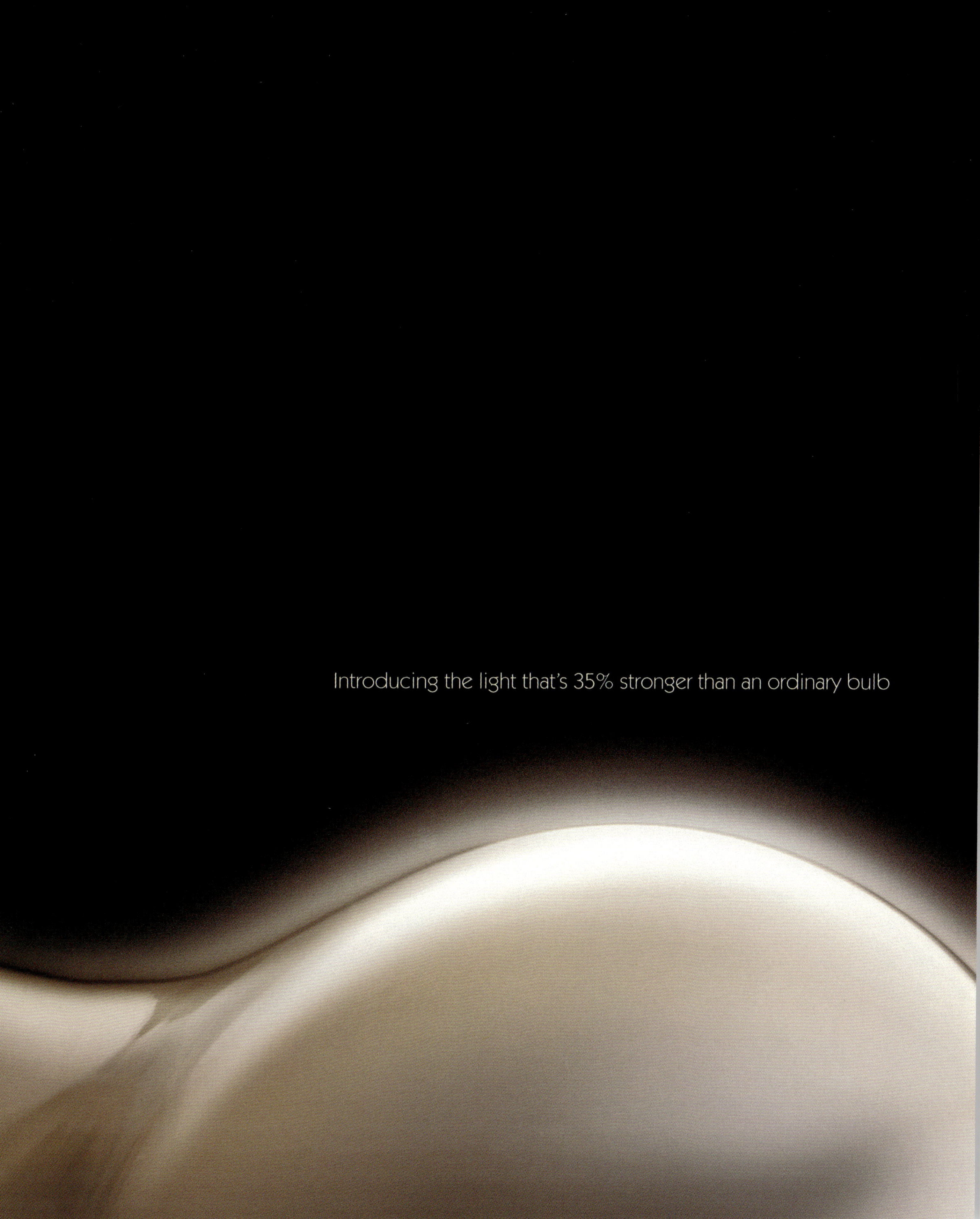

李 峻 Li Jun
Tel: 021-62100878

奖项：银奖 作品名称：芳罗国之二 作品类别：文教类
Award: Silver Title: Aroma Country II Category: Culture & Education

作品名称：芳罗国之一 **作品类别：**文教类 **奖项：**入围奖

Title: Aroma Country I Category: Culture & Education Award: Shortlist

汤 生 Tang Sheng
Tel: 0512-65521828

奖项：银奖 **作品名称**：轴承 **作品类别**：公益及其他类
Award: Silver Title: Bearing Category: Public Services & Others

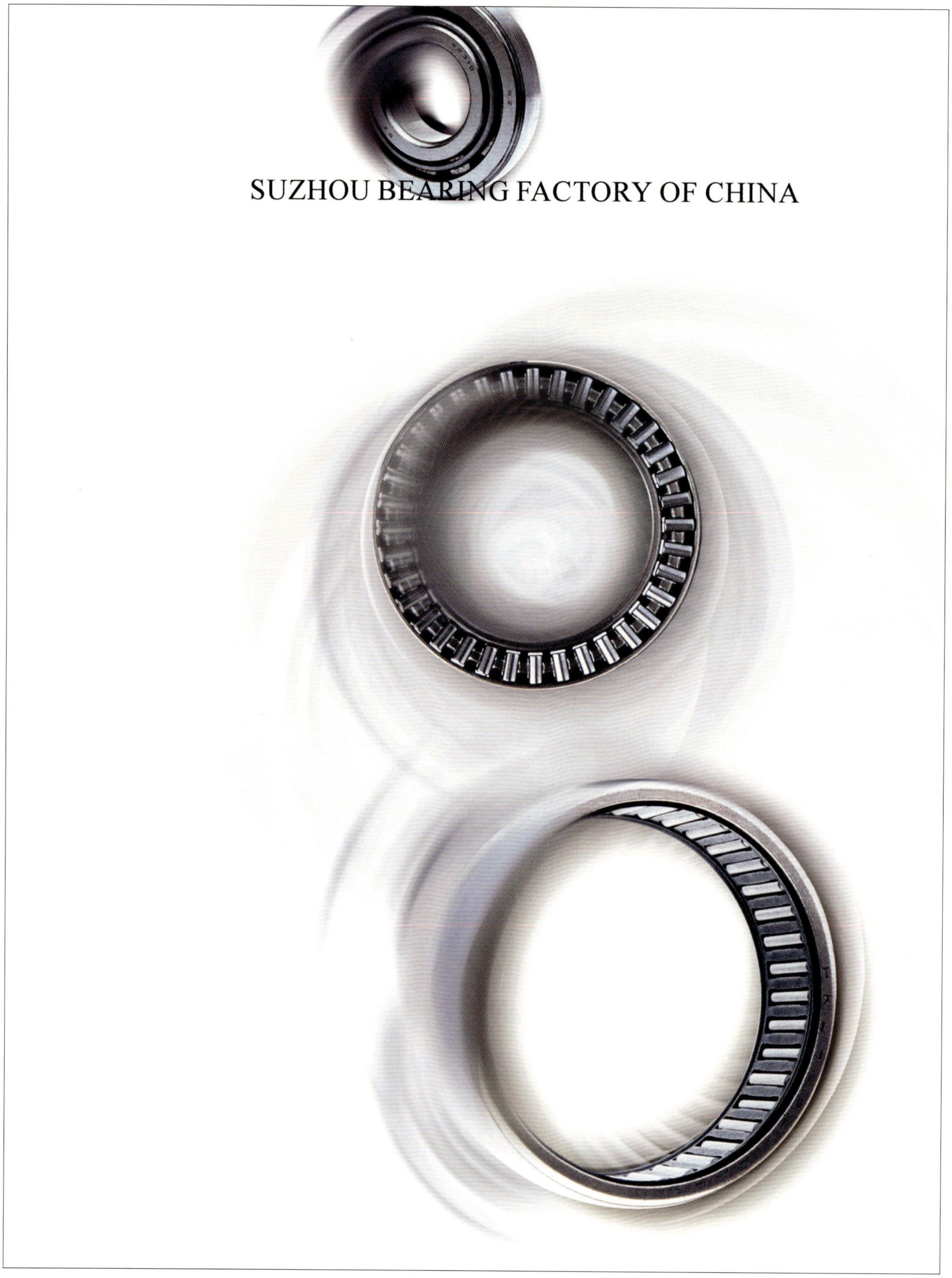

洞天 Grotto Heaven

太湖假山　Man-made Mountains of Tai Lake

老房子　Old House

浮影　Floating Image

旧窗寻梦　Reminiscence

庭院深深　Pathos

圣诞组合　Christmas

科技时尚　Technological Fashion

粉墙黛瓦　Pink Wall and Black Tile

苏州水巷　Water lanes in Suzhou

双塔图　Bi-pagoda

刘家祥 Liu Jiaxiang
Tel: 010-64058357

奖项：银奖 作品名称：百事可乐 作品类别：食品饮料、医药保健品类
Award: Silver Title: Pepsi Cola Category: Food, Beverages,Heathcare Products,Medicine

《嘿！弗兰克》电影剧照　Stills from *Hey,Frank*

刘国添 **Liu Guotian**
Tel: 00852-28660995

奖项：铜奖 **作品名称：**鲸吞衣物 **作品类别：**家用电器类
Award: Bronze Title: Swallowing the Clothing Category: Home Electric Appliances

作品名称：艺术与时间之选
作品类别：个人及家庭用品类
奖项: 入围奖
Title: The Choice for Art and Time
Category: Personal & Home Products
Award: Shortlist

作品名称：冰凉感觉，全靠佢发放
作品类别：个人及家庭用品类
奖项: 入围奖
Title: Feel Cool,Depend on It
Category: Personal & Home Products
Award: Shortlist

作品名称：伸不直？一样有价值　**作品类别**：公益及其他类　**奖项**：入围奖

Title: Bending? Valuable Likewise　Category: Public Services & Others　Award: Shortlist

作品名称：有难度？一样可以克服　**作品类别**：公益及其他类　**奖项**：入围奖

Title: Diffcult? Conquer It Likewise　Category: Public Services & Others　Award: Shortlist

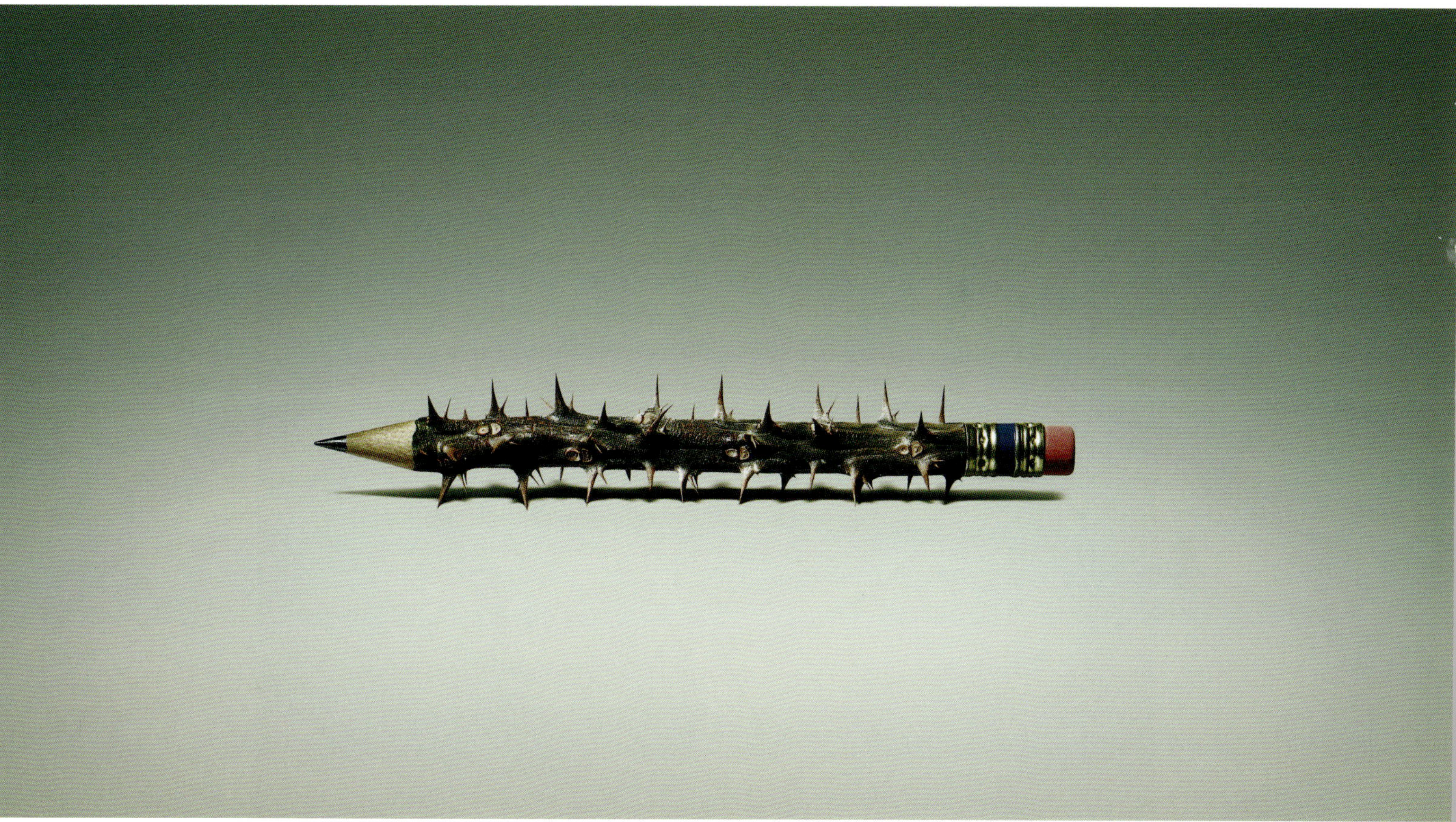

作品名称：非凡之作之二　**作品类别**：办公设备　通讯事务类　奖项: 入围奖

Title: Extraordinary Example II　Category: Office Equipment & Communication　Award: Shortlist

作品名称：非凡之作之三 **作品类别**：办公设备 通讯事务类 **奖项**：入围奖

Title: Extraordinary Example III Category: Office Equipment & Communication Award: Shortlist

陈卫忠 Chen Weizhong
Tel: 021-62119766

奖项：铜奖　作品名称:"第三极"－极地之最(岁月仓桑)　**作品类别**：旅游及商业服务类
Award: Bronze　Title: The Third Pole: Weatherbeaten Years　Category: Tourism & Services

作品名称:"第三极" —极地之最(峥嵘岁月)　作品类别: 旅游及商业服务类　奖项: 入围奖

Title: The Third Pole:Memorable Years　Category: Tourism & Services　Award: Shortlist

作品名称:"第三极" —极地之最(世界屋脊) **作品类别**:旅游及商业服务类 **奖项**:入围奖

Title: The Third Pole:World Ridge Category: Tourism & Services Award: Shortlist

作品名称：“第三极”－极地之最(圣湖晨辉) **作品类别：**旅游及商业服务类 **奖项：**入围奖

Title: The Third Pole:First Sun's Rays on the Saint Lake Category: Tourism & Services Award: Shortlist

作品名称:"第三极" —极地之最(日照金山) **作品类别**:旅游及商业服务类 **奖项**:入围奖

Title: The Third Pole:Sunshiny Gold Mountain Category: Tourism & Services Award: Shortlist

作品名称:西藏组图　**作品类别**：旅游及商业服务类

Title: The Scene of Tibet　Category: Tourism & Services

西藏组图

The Scene of Tibet

第三极——极地之最

The Third Pole: Polar Region

第三极——极地之最

The Third Pole: Polar Region

第三极——五彩夕照

The Third Pole: Colorful Sunset

西藏组图

The Scene of Tibet

西藏组图

The Scene of Tibet

黄永照 Huang Yongzhao
Tel: 0750-6610381

奖项：铜奖　**作品名称：**西藏八廓街－藏布　**作品类别：**商业人像及服装类

Award: Bronze　Title: Barkhor Street-Tibet　Category: Personal Images & Clothing and Accessory

作品名称：四川稻城色拉红草地　**作品类别：**旅游及商业服务类　**奖项：**入围奖

Title: Sela Red Green Meadow,Dao Chen,Sichuan　Category: Tourism & Services　Award: Shortlist

范列 Fan Lie
Tel: 025-4405561-4011

奖项：铜奖　**作品名称：**创意之源　**作品类别：**公益及其他类

Award: Bronze　Title: Source of Creativity　Category: Public Services & Others

作品名称：深海之珠　**作品类别：**雅芳主题创作类　**奖项：**入围奖

Title: The Pearl of Deep Sea　Category: Avon-themed Creativity Competition　Award: Shortlist

陈伟标 Chen Weibiao
Tel: 0577-86789199

作品名称：雅芳新活再生霜之一 **作品类别**：雅芳主题创作类 **奖项**：入围奖

Title: Avon Anew Retroactive Cream I Category: Avon-themed Creativity Competition Award: Shortlist

作品名称：雅芳新活再生霜之三　**作品类别：**雅芳主题创作类　**奖项：**入围奖

Title: Avon Anew Retroactive Cream III　Category: Avon-themed Creativity Competition　Award: Shortlist

作品名称：秋韵

作品类别：个人及家庭用品类

奖项：入围奖

Title: Song of the Autumn

Category: Personal & Home Products

Award: Shortlist

美丽佳人

Pretty Lady

ERLIA
Aurelys Lotion
Tonique
—APAISANTE—
Soothing Tonic Lotion
120ml
ERLIA
ERLIA

陈志祥 Chen Zhixiang
Tel: 00852-25616020

作品名称：无题 **作品类别**：食品饮料、医药保健品类 **奖项**：入围奖

Title: No Title Category: Food, Beverages,Heathcare Products,Medicine Award: Shortlist

作品名称：激光笔

作品类别：办公设备　通讯事务类

奖项：入围奖

Title: Laser Pen

Category: Office Equipment & Communication

Award: Shortlist

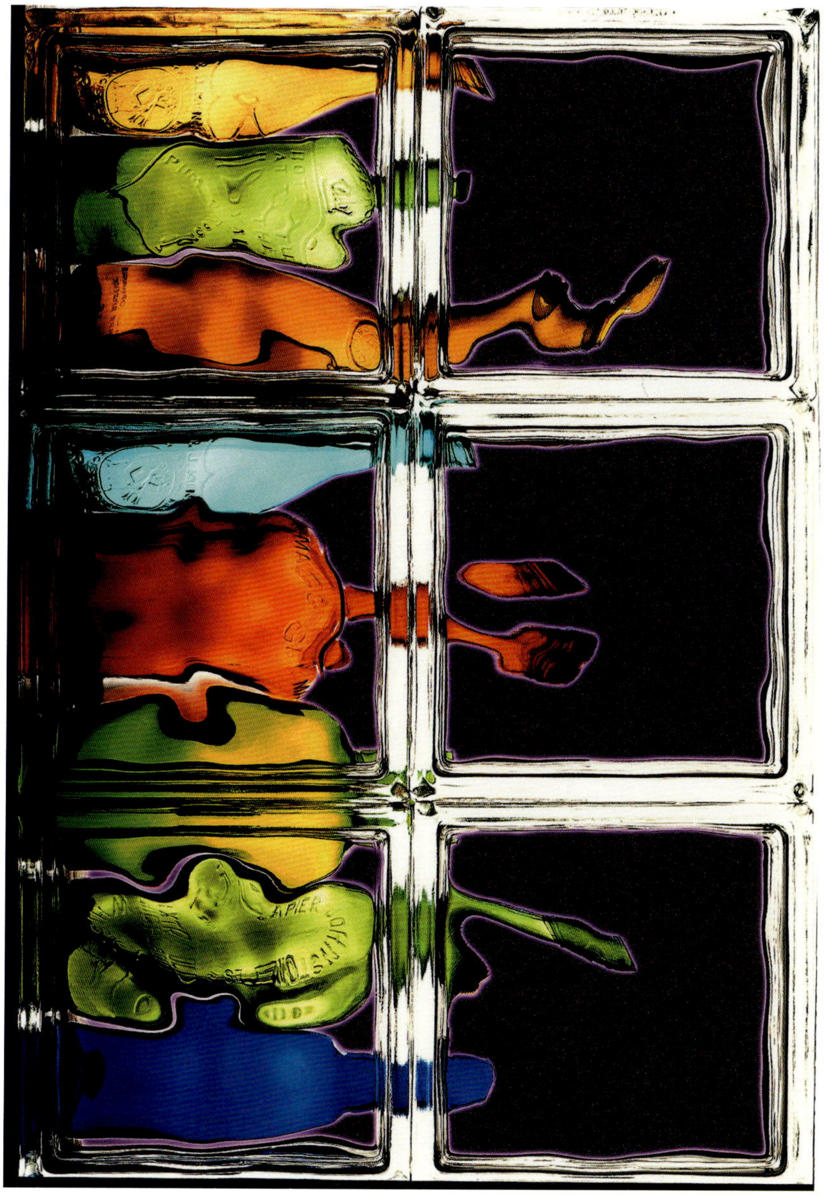

作品名称：玻璃狂想曲

作品类别：文教类

奖项：入围奖

Title: Glass Rhapsody II

Category: Culture & Education

Award: Shortlist

人像系列之二　Portrait II

康柏电脑之女人篇　Compaq Computer: Woman

蓝冰魅力　The Magic of Bule Ice

经典可口可乐　Coca-cola Classics

FROM SELECTED VINEYARD
THE
WINE
MARKET

顾 勇 Gu Yong
Tel: 0571-87825761

作品名称：夏季眼镜 **作品类别**：个人及家庭用品类 **奖项**：入围奖

Title: Summer's eyeglasses Category: Personal & Home Products Award: Shortlist

作品名称：酒的情结　**作品类别**：食品饮料、医药保健品类　**奖项**：入围奖

Title: Alcohol's knot　Category: Food, Beverages,Heathcare Products,Medicine　Award: Shortlist

华泰丝绸－皇家风韵 Huatai SilK: Imperial Style

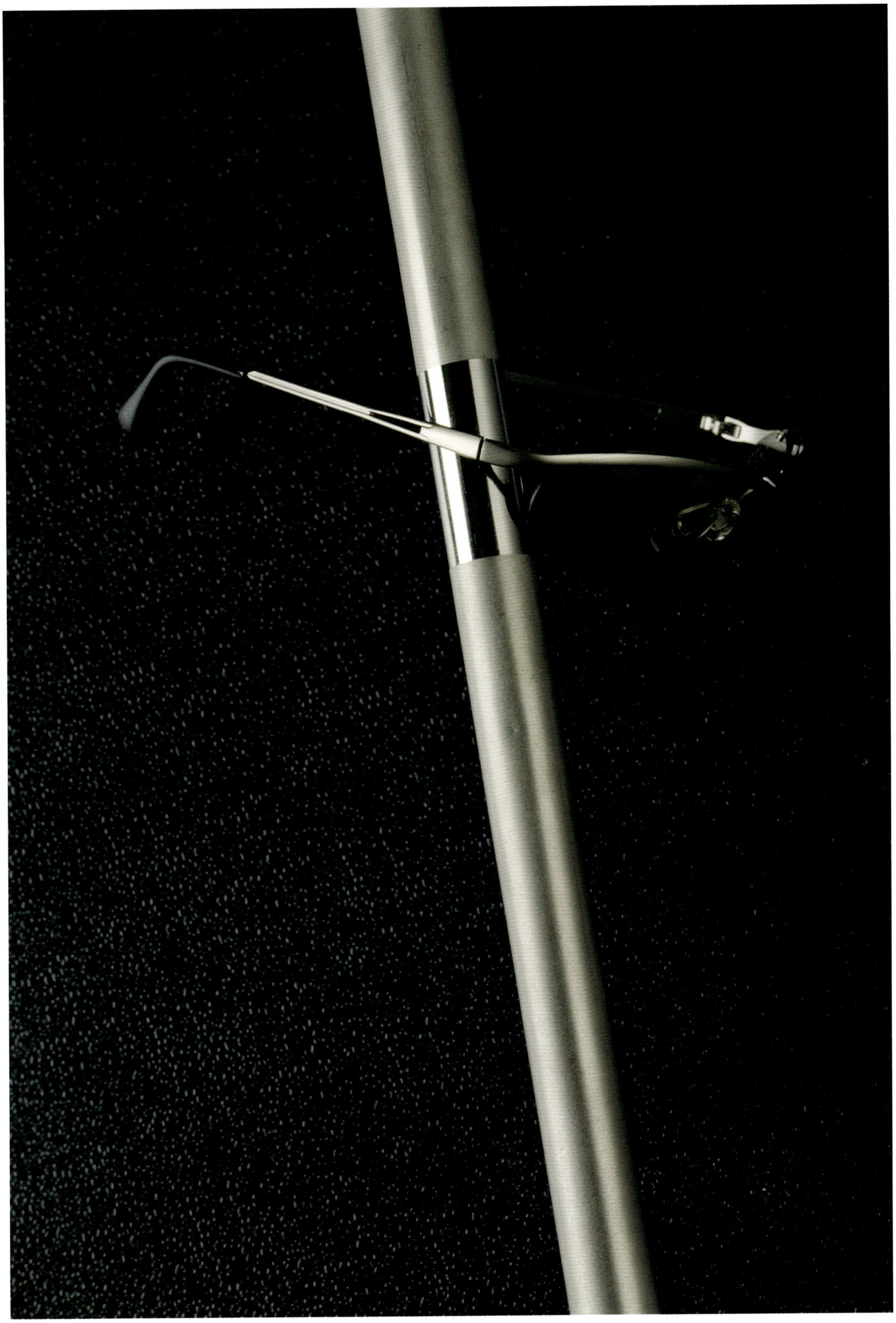

王 旭 Wang Xu
Tel: 010-62216279

作品名称：艺术创意蛋糕 **作品类别**：食品饮料、医药保健品类 **奖项**：入围奖

Title: Creativity Cake Category: Food, Beverages,Heathcare Products,Medicine Award: Shortlist

作品名称：红与黑(锅具) **作品类别**：个人及家庭用品类 **奖项**：入围奖

Title: Red and Black Category: Personal & Home Products Award: Shortlist

墨西哥的诱惑　Mexican's Allurement

意大利面之二　Spaghetti II

韩国料理　Korea Menu

意大利面之一　Spaghetti I

酒杯之一　Goblet I

酒杯之二　Goblet II

Sweet White Wine
1997
10% alc./vol.
PRODUCT OF CANADA
HERNDER ESTATE WINES

杨 旭 Yang Xu
Tel: 0574-87229580

作品名称：西摩小家电－电熨斗 **作品类别**：家用电器类 **奖项**：入围奖

Title: Electric Iron Category: Home Electric Appliances Award: Shortlist

作品名称：西摩小家电－电水壶　**作品类别**：家用电器类　**奖项**：入围奖

Title: Electric jug　Category: Home Electric Appliances　Award: Shortlist

项链 Necklace

美式家俱之一　Western Style Furnishings I

西摩小家电 - 电吹风　Hair Drier

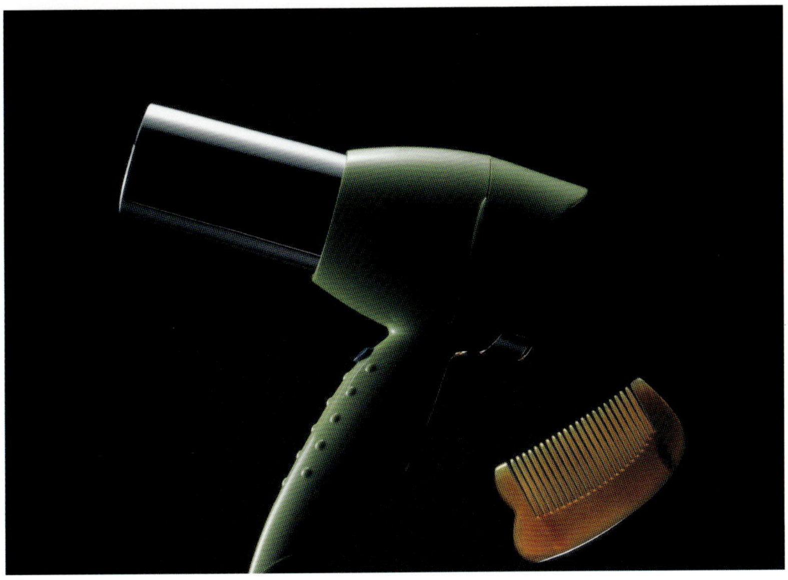

水槽之一 Flume I

水槽之二 Flume II

水槽之三 Flume III

美式家俱之二　Western Style Furnishings II

水晶制品　Crystal

多士炉　Dven

汪恩赐 Wang Enci
Tel: 00852-25569955

作品名称：西餐(瑞士火锅) **作品类别**：食品饮料、医药保健品类 **奖项**：入围奖

Title: Switzerland Chaffy Dish Category: Food, Beverages,Heathcare Products,Medicine Award: Shortlist

作品名称：串烧牛肉　**作品类别：**食品饮料、医药保健品类　**奖项：**入围奖

Title: Skewered Beef　Category: Food, Beverages,Heathcare Products,Medicine　Award: Shortlist

海鲜 Seafood

Tiger
GOLD MEDAL
LAGER
BEER

赵景亭 胡兵 Zhao Jingting Hu Bing
Tel: 0760-8381718

作品名称：生命活力 **作品类别**：雅芳主题创作类 **奖项**：入围奖

Title: Living Energy Category: Avon-themed Creativity Competition Award: Shortlist

作品名称：深海蕴宝　**作品类别：**雅芳主题创作类　**奖项：**入围奖

Title: Hided Treasure from Deep Sea　Category: Avon-themed Creativity Competition　Award: Shortlist

张扬 Zhang Yang
Tel: 010-62239700

作品名称：滋润 **作品类别**：商业人像及服装类 **奖项**：入围奖

Title: Nourishing Category: Personal Images & Clothing and Accessory Award: Shortlist

作品名称：水之幻　**作品类别**：商业人像及服装类　**奖项**：入围奖

Title: Vision of Water　Category: Personal Images & Clothing and Accessory　Award: Shortlist

水之幻之二　Fancy of Water II

域·天使　Frontier Angel

文建军 Wen Jianjun
Tel: 0755-83270091

作品名称：雅芳新活再生霜 **作品类别**：雅芳主题创作类 **奖项**：入围奖

Title: Avon Anew Retroactive Cream Category: Avon-themed Creativity Competition Award: Shortlist

酒店总统套房　President Suite

酒店大堂　Lobby

杨志杰 Yang Zhijie
Tel: 010-62314162

作品名称：雅芳——释放新活力
作品类别：雅芳主题创作类
奖项：入围奖
Title: Avoe: Energy
Category: Avon-themed Creativity Competition
Award: Shortlist

作品名称：雅芳——深海瑰宝
作品类别：雅芳主题创作类
奖项：入围奖
Title: Avon: Treasure from Deep Sea
Category: Avon-themed Creativity Competition
Award: Shortlist

张穗扬　Zhang Suiyang
Tel: 020-84347445

作品名称：KFC 吮指原味鸡全新上市
作品类别：食品饮料、医药保健品类
奖项：入围奖
Title: Launch for TMOR, KFC
Category: Food, Beverages,Heathcare Products,Medicine
Award: Shortlist

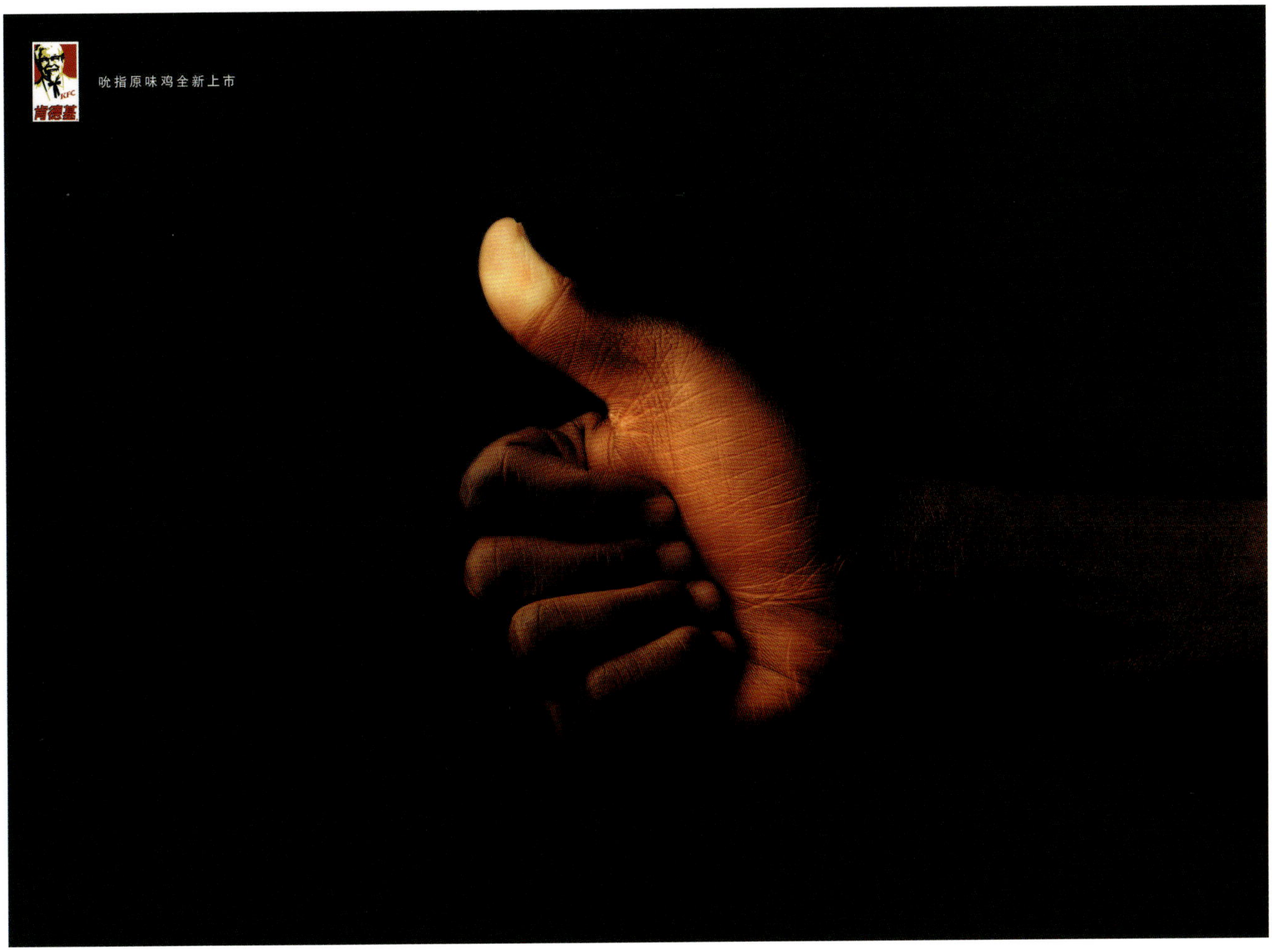

烟花

Fireworks

广州日报印务中心夜景之一

Night Scene of Printing Center for Guangzhou Daily I

广州日报印务中心夜景之二

Night Scene of Printing Center for Guangzhou Daily II

吴 谦 Wu Qian
Tel: 023-63862413

作品名称：山城啤酒　一生的朋友　**作品类别：**食品饮料、医药保健品类　**奖项：**入围奖

Title: Shancheng Beer-A Lifetime Friend　Category: Food, Beverages,Heathcare Products,Medicine　Award: Shortlist

王 麒 Wang Qi
Tel: 0411-4438989

作品名称：THREE-M 西装 **作品类别：**商业人像及服装类 **奖项：**入围奖
Title: THREE-M Business Suit Category: Personal & Home Products Award: Shortlist

THREE-M
The future of Apparel starts from here.

刘 勇 Liu Yong
Tel: 023-63634196

作品名称：六神驱蚊花露水 **作品类别**：个人及家庭用品类 **奖项**：入围奖

Title: Liushen-toilet Water Category: Personal & Home Products Award: Shortlist

奥妮沐浴露之一 Shower Gel I

钱 晋 Qian Jin
Tel: 010-65014497

作品名称：刀叉 **作品类别：**个人及家庭用品类 **奖项：**入围奖

Title: Fork & Knife Category: Personal & Home Products Award: Shortlist

紫心菜　Cabbage

鱼子酱　Caviar

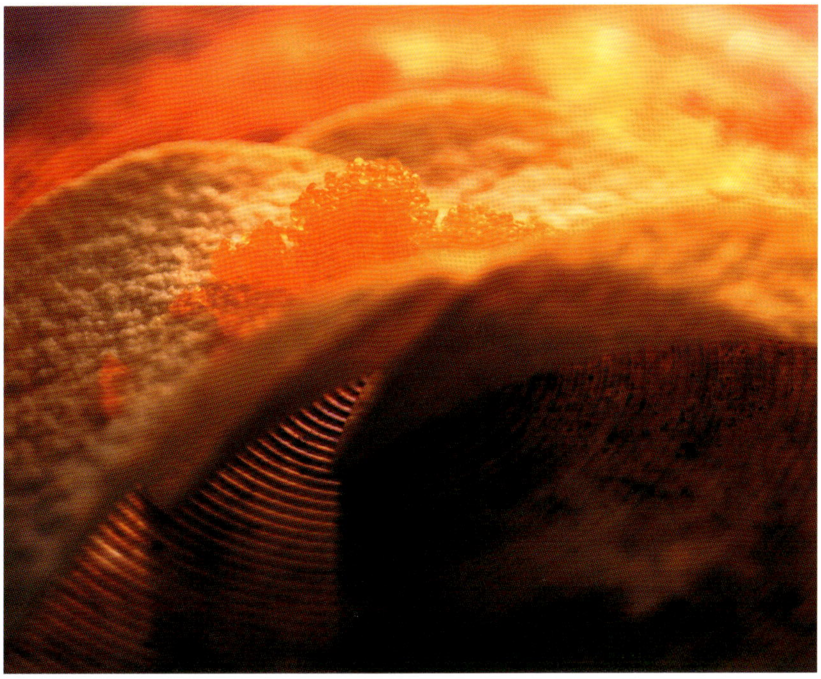

杨坤　Yang Kun

郝远征 Hao Yuanzheng
Tel: 13901056193

作品名称：中国古建 作品类别: 旅游及商业服务类 奖项: 入围奖

Title: China Ancient Building Category: Tourism & Services Award: Shortlist

药 Tablet

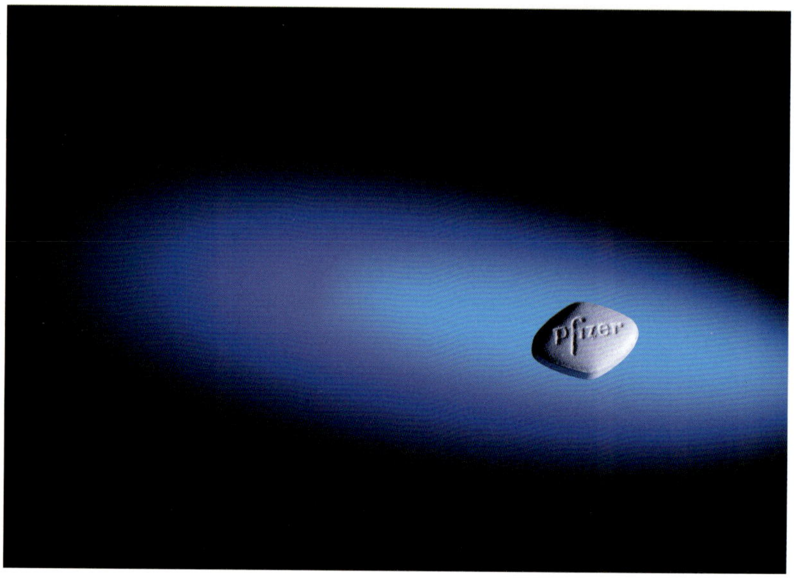

赵德成　Zhao Decheng
Tel: 0516-3816225

石河子旭日　Rising Sun,Shihezi

孙伟忠 Sun Weizhong
Tel: 021-54201683

作品名称：布达拉宫曙光 **作品类别**：旅游及商业服务类 **奖项**：入围奖

Title: The Dawn of The Potala Palace Category: Tourism & Services Award: Shortlist

苏州三阳高尔夫球场　Golf Course,Sanyang,Suzhou

郑永波 Zheng Yongbo
Tel: 024-25919470

作品名称：海蕴 **作品类别：**雅芳主题创作类 **奖项：**入围奖

Title: Immensity of Sea Category: Avon-themed Creativity Competition Award: Shortlist

梁旭辉　Liang Xuhui
Tel: 020-83284232

作品名称：雅芳之宝　**作品类别**：雅芳主题创作类　**奖项**：入围奖

Title: The Treasure of Avon　Category: Avon-themed Creativity Competition　Award: Shortlist

半岛之夜　The Night of Peninsula

姿影浮香　Waft

2003

中国广告摄影年鉴

China Advertising Photography YEAR BOOK

推荐摄影师目录

Contents of Commended Photographers

孙华阳 Sun Huayang
Tel: 0412-5845457

千古铸就 Natural Miracle

跳跃的音符 Bouncing Notes

湖光曲　Lakeside Scenery

原野　The Field

任建新 Ren Jianxin
Tel: 021-57813619

象牙笔筒 Ivory Pencil Vase

翡翠 Emerald

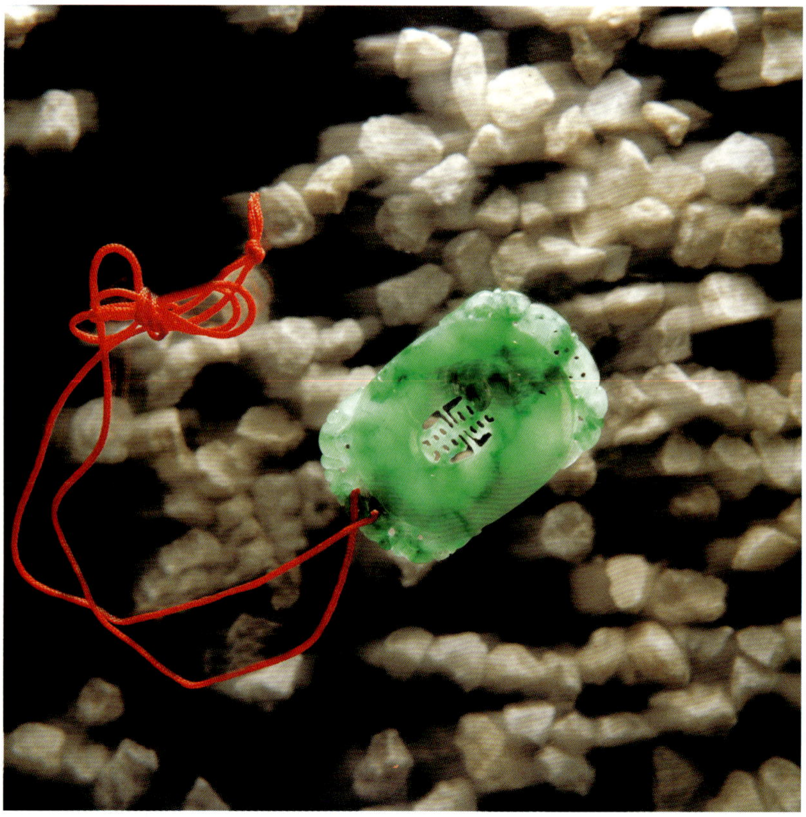

水盂瀚墨　The Game of Chinese Ink

青花古瓷　Blue and White Porcelain

叶 康 Ye Kang
Tel: 020-84026272

南方高科手机 Sou Tec Mobile Phone

美的产品画册封面——棋高一着 One-upping

编钟　Bronze Bell Sets

浴　Bathing

张 弛 Zhang Chi
Tel: 027-82851262

茶杯 Teacup

洋酒 Alcohol

香水 Perfume

雪茄　Cigar

口红　Lipstick

家园　Homestead

陈华盛 Chen Huasheng
Tel: 0755-25934655

零度雪糕　Forzen Sucker at Zero Degree

香水　Perfume

Heineken
LAGER BEER
PREMIUM QUALITY
THE ORIGINAL QUALITY
HEINEKEN LAGER BEER
DIPLOME D'HONNEUR AMSTERDAM 1883
TRADE MARK
Heineken
MEDAILLE D'OR PARIS 1875
GRAND PRIX PARIS 1889
HORS CONCOURS MEMBRE DU JURY PARIS 1900
EST. 1873
PREMIUM QUALITY
BREWED WITH NATURAL INGREDIENTS

陈学强 Chen Xueqiang
Tel: 020-83578626

童年回忆——连衣裙的骚动

Recollection in Childhood: Flaunting Dress

张善夫 Zhang Shanfu
Tel: 021-62749785

SANTANA

PASSAT V6之一 PASSAT V6 I

PASSAT V6之二 PASSAT V6 II

林世明 Lin Shiming
Tel: 0769-2695895

手表 Watch

家具之二 Furniture II

必登高鞋　Shoes

CD 机　CD player

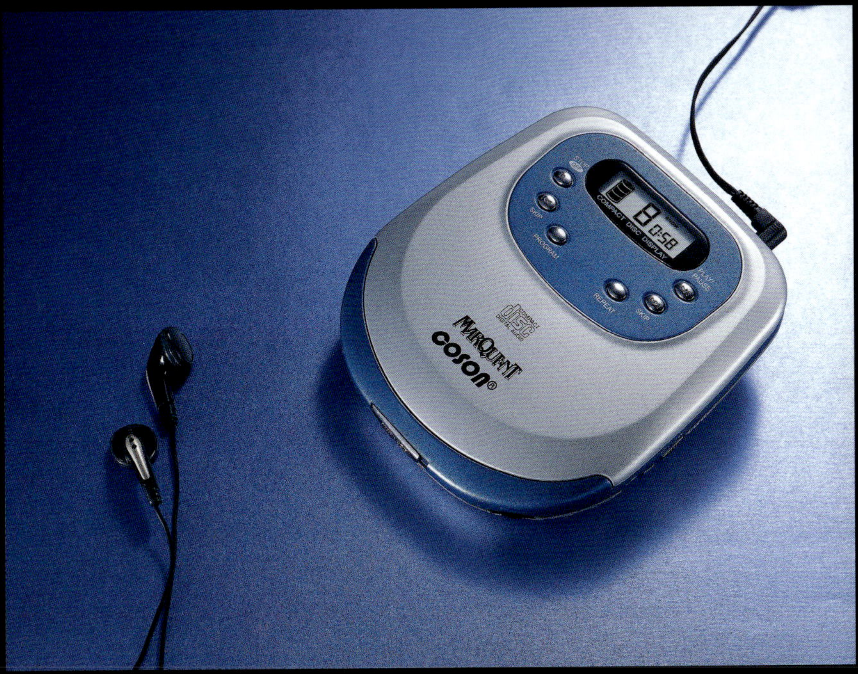

餐台椅　Mensal Chairs

家具之一　Furniture I

林其勉　**Lin Qimian**
Tel: 0577-88265180

追梦　Dream Tracker

郑宏斌 Zheng Hongbin
Tel: 021-52897303

赵 阳 Zhao Yang
Tel: 0411-2534040

冰激淋 Ice Cream

德美橱柜 Kitchenware

亿达世纪城 Century City

世纪大厦客房 Guest Room

大显手机　Daxian Mobile Phone

百威啤酒　Budweiser

中国广告摄影年鉴
推荐摄影师作品
RECOMMENDED POTOGRAPHERS

黄 强 Huang Qiang
Tel: 0755-83212707

步步高电话机 Telephone

步步高电子词典 Electronic Dictionary

步步高 DVD DVD Player

华孚色纺纱　Uafu Melange Yarn

金帝知音巧克力　Bosom Friend Chocolate

特美思香烟　Temeisi Cigarette

热茶飘香　Hot Tea with Floated Aroma

健康皮具　Salubrious Leather

手表　Watch

香港昌记鱼旦　Hong Kong Cheong Kee Special Food Product ltd

隋广义 Sui Guangyi
Tel: 0577-86518851

舒 畅 Shu Chang
Tel: 13566228315

Monroe

骆青敏 Luo Qingmin
Tel: 0579-5542324

精品

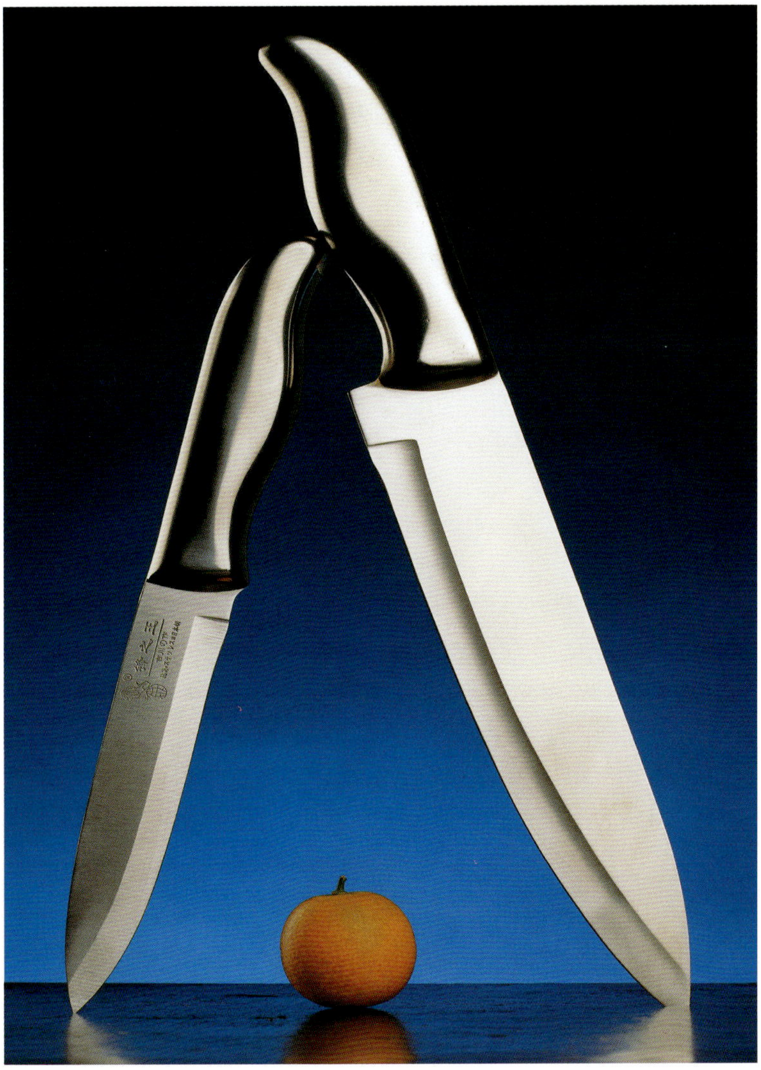

王卫江 Wang Weijiang
Tel: 029-7210554

孔林光　Kong Linguang
Tel: 0757-3212930

东鹏陶瓷之一　Dongpeng Ceramic I

东鹏陶瓷之二　Dongpeng Ceramic II

史振峰 Shi Zhengfeng
Tel: 0532-5811119

三文鱼肉 Salmon

医用设备 Medical Equipment

朱汉举 **Zhu Hanju**
Tel: 0512-63423320

裂变的影像 Fissile Image

人体造型 Art Sculpt

朱 旭 Zhu Xu
Tel: 13823735880

能饮一杯无 Have a Drink?

刘 越 Liu Yue
Tel: 028-84432628

HOLILAND CLASSIC

江 游 Jiang You
Tel: 028-84432628

蓝舞 Blue Dance

霓裳 Finery

吴文军 Wu Wenjun
Tel: 020-87301719
鉴赏 Appreciate

中国广告摄影年鉴
推荐摄影师作品
RECOMMENDED POTOGRAPHERS

邱文雄 **Qiu Wenxiong**
Tel: 0574-87285679

吃语 Crazy Talk

韵 Rhyme

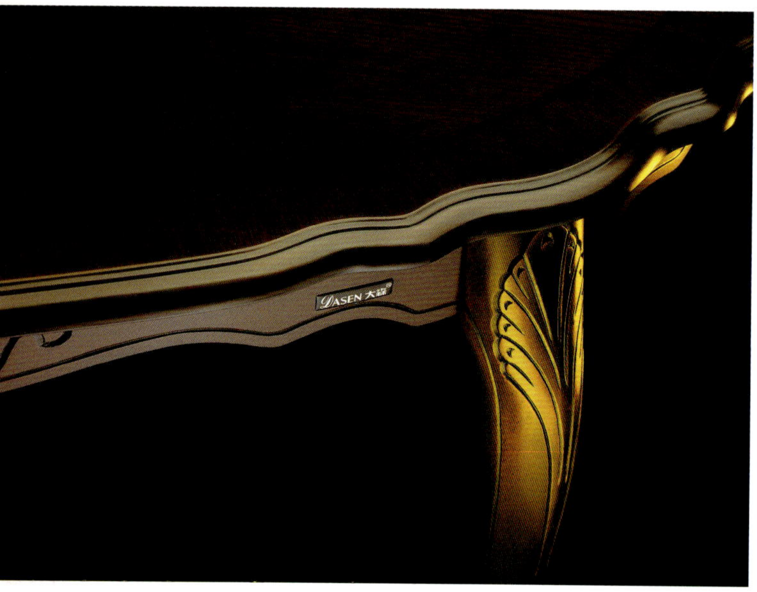

明州香炉 Incense Burner

李 伟 Li Wei
Tel: 020-84635362

保护地球 Protect the Earth

吴 讯 **Wu Xun**
Tel: 021-62076597

崇山　峻雪　Mountains & Snow

宝来

张兴钢 Zhang Xinggang
Tel: 021-54367625

BACARDI 8

陈沛文 Cheng Peiwen
Tel: 020-83640027

爱之唤　Calling for love

水中花　Flower in Water

杨 轶 Yang Yi
Tel: 025-4713640

依玫服饰 Yimen Clothing

陈建复 Chen Jianfu
Tel: 021-62159542

魅力之物 Charm

张建勋 **Zhang Jianxun**
Tel: 020-34386762

红辣椒皮鞋　Leather Shoes

吴 堃 Wu Kun
Tel: 0755-26404848

仿古手饰－水晶戒指 Archaized Jewelery:Crystal Finger Ring

孟 宇 Meng Yu
Tel: 0574-87229580

香水 Perfume

陈锦岗 Chen Jingang
Tel: 00852-25202576

燃，点 Lighting

罗荣甫 **Luo Rongfu**
Tel: 023-63504022

业精于勤 Mastery of Work Comes from Diligent Application

金济洲 Jin Jizhou
Tel: 0575-5220555

彩当舞 Dancing Color

康 铭 **Kang Ming**
Tel: 13032450089

运筹古韬 决胜沙场 Ancient Strategics Is Key to Win

黄靖远 **Huang Jingyuan**
Tel: 00852-23253697

希捷力量 Seagate's Power

罗雄剑 Luo Xiongjian
Tel: 020-83874776

中国面孔迎接 2002 年 China Welcome 2002

狂野魅力 炽热激情 Wild Fascination & Fiery Passion

谢伟凡 Xie Weifan
Tel: 020-87598261

魅力空间之三 Enchantment Distance III

2003

中国广告摄影年鉴

China Advertising Photography YEAR BOOK

摄影师索引

Photographers Index

摄影师 索引

序号	作者	作者单位	作者地址
1	万　诚	映真专业摄影企划有限公司	上海市虹口区三门路 767 号
2	王　旭	王旭摄影工作室	北京市海淀区文慧园北路 9 号今典花园 9 号楼 B 座 1903 室
3	王　琛	深圳市新翔广告印务有限公司	深圳市福田区天安数码城天吉大厦 (F5.8 栋)7 楼 C1 座
4	王卫江	卫江商业创意广告摄影工作室	西安市西五路 109 号 1 号楼 2 单元 401 室
5	王　麒	大连王氏摄影设计工作室	大连市西岗区香海花园 37–1–4–1 号
6	文建军	文艺文数码摄影设计有限公司	深圳市百花二路百花园百合阁 6B、6C 室
7	孔林光	孔林光摄影工作室	广东省佛山市建新路 103 号 4 座 302 室
8	冯新力	新力摄影工作室	北京市海淀区红联南村甲 1 号
9	叶　康	广州市金雅典广告有限公司	广州市宝业路 190 号 202 室
10	史振峰	青岛振峰商业摄影室	山东省青岛市市南区泰州路 18 号三单元 102 室
11	刘家祥	北京卓炯锋摄影摄像有限公司	北京北新桥三条 1 号（中旅院内）
12	刘嘉楠	北京服装学院艺术设计学院	北京市朝阳区和平街北口北京服装学院
13	刘嘉军	映真专业摄影企划有限公司	上海市虹口区三门路 767 号
14	刘国添	刘国添摄影室	香港弯仔庄士敦道 25 号长康大厦 8 楼 B 座
15	刘建新	上海三通广告有限公司	上海市西康路 699 弄 1 号楼 404 室
16	刘　勇	刘勇商业摄影工作室	重庆市渝中区西路口新村 7 号 1–1 号
17	刘　越	成都品正广告有限公司	成都市均隆街 59 号
18	汤　生	苏州远大广告设计有限公司	苏州市阊胥路 134 号金盈商楼五楼
19	孙华阳	鞍山市优霓广告有限公司	鞍山铁东区湖南街 155 号
20	孙伟忠	上海回中广告摄影有限公司	上海老沪闵路 581 弄 12 号
21	任建新	上海沁源彩印有限公司	上海松江区中山中路 54 号
22	朱汉举	阳光恋人精致婚妙摄影公司	苏州市人民南路水香街新苑新村 7 幢 102 室
23	朱　旭	深圳市立体美广告公司	深圳市红岭北路 2045 号
24	江　游	成都品正广告有限公司	成都市均隆街 59 号
25	吴文军	广东省广告公司	广州市东风东路 745 号之二金广大厦
26	吴　讯	DMG 国际广告有限公司	上海延安西路 1088 号长峰中心 3101 室
27	吴　堃	深圳领域广告公司千马策划摄影工作室	深圳南山区南光路康乐园 4 栋 602 号
28	吴　谦	重庆九天摄影公司	重庆渝中区长江一路 58 号（鹰冠国际中心）A 座 3–3
29	邱文雄	宁波金鹏广告传播有限公司	宁波市苍水街 79 号二楼
30	李　伟	正一商业摄影工作室	广州市番禺区东环路 43 号东发大厦二楼
31	李楚益	广州市李氏广告有限公司	广州市中山大道骏景路骏翔轩 G 座 201
32	李　峻	李峻摄影工作室	上海市静安区万航渡路 618 号海影大厦 302 室
33	张　扬	风韵杂志社	北京小西天今典花园 2 号楼 1411 号
34	张兴钢	上海直诚摄影设计制作所	上海市龙吴路 585 弄龙华花园北座 25 号
35	张　弛	武汉市艺博摄影设计有限责任公司	武汉市吉庆街 66 号建华大厦 13 楼 C 室
36	张　超	AddyFoto	香港亞公岩 635 地段 3 楼 A–B 座
37	张建勋	广东锦华数码摄影制作有限公司	广州市海珠区南田西路松漱前 38–39 号 3 楼
38	张善夫	上海三维应用摄影技术研究所	上海市天山路 789 号(天山商厦)东九层
39	张穗扬	DUCHAMP 杜・象广告商业摄影工作室	广州市昌岗中路 102 号 9 门 605 室
40	陈卫忠	上海新大地广告公司	上海市长宁区定西路 1277 号长峰大厦 608 室
41	陈华盛	深圳市骏图摄影设计有限公司	深圳市松园路 68 号银河大厦 1012 室
42	陈学强	支点摄影工作室	广州市麓苑路 42 号 2 号楼 203 室

邮 编	电 话	传 真	手 机	电 子 邮 件
200439	021-65367266	65367255	13901852647	yingzhen@online.sh.cn
100026	010-62216279		13910281937	Wangxu09@sohu.com
518040	0755-83300701	83302782	13322932323	wangchen@963.net
710004	029-7210554		13709193490	
116021	0411-4438989	4438989	13940852900	wqphotostudio@hotmail.com
518028	0755-83270091	83270936	13802294469	service@wywphoto.com
528000	0757-3212930			
100088	010-62231916	62278622	13701389619	fengxlaaaa@sina.com.cn
510245	020-34034148	84025471	13802733661	Yekang2001@21cn.com
266071	0532-5811119	5811119		
100007	010-64058357	64031283	13901194380	
100029	010-64288285		13911627139	Jiangxi1234@263.net
200439	021-65367266	65367255		yingzhen@online.sh.cn
	00852-28660995	28661954		tim@timphotography.com.hk
200060	021-62585249	62582237	13916047285	Santong_ad@163.com
400015	023-63634196	63633179	13608355260	
610021	028-84432628	84463674		
215008	0512-65521828	65561831	13706131863	WYF40378@pub.sz.jsinfo.net
114004	0412-5845457	5812048	13019633577	
200237	021-54201683	54201683	13901992057	
201600	021-57813619	57723185	13701830262	
215128	0512-63423320	63429326	13901557066	
518029			13823735880	
610021	028-84432628	84463674		
510080	020-87301719	87301719	13005117890	momo1970@sina.com
200052	021-62076597	62076598		
518054	0755-26404848	26404848	13902988007	
400014	023-63862413	63639929-802	13072366560	
315000	0574-87285679	87341161	13805899669	
511400	020-84635362	84635362	13826206051	
510630	020-84218171	84218172	13005177368	Kkii33@163.com
200042	021-62100878	62100878	13916177227	insight@vip.sina.com
100088	010-62239700	62239700	13801087587	
200232	021-54367625	54357967	13901668230	
430015	027-82851262	82851262	13307184811	yibo@x263.net
	00852-26691080	26693178		addyfoto@hotmail.com
510240	020-34386762	34386762	13602814390	
200051	021-62749785	62346675		
510250	020-84347445		13602883445	duchamp@21cn.com
200050	021-62119766	62405141	13901647066	
518000	0755-25934655	25935273	13509608206	
510095	020-83578626	83578626	13609047952	

摄影师 索引

序号	作者	作者单位	作者地址
43	陈伟标	温州市飞图数码商业摄影公司	温州市温州大道公管处对面(禽蛋市场)
44	陈志祥	香港专业摄影师公会	香港柴湾商业街4号志同昌工业大厦14C室
45	陈沛文	广州鸿艺商业摄影陈沛文设计工作室	广州市仓边路95号银山大厦A座1101室
46	陈锦岗	TERRY CHAN PHOTOGRAPHY	香港湾仔庄士敦道25号长康大厦7D室
47	陈建复	上海博图设计公司陈建复摄影工作室	上海新闸路777号中昌公寓22楼E座
48	杨 铁	南京泰迪广告公司	南京市中心路81号华夏大厦28楼
49	杨志杰		北京海淀区五道口展春园29楼4门102号
50	杨 旭	杨旭摄影设计工作室	宁波市范江岸路198弄国际村公寓楼3号3楼
51	杨 璐	广州幻想制造摄影设计机构	
52	汪恩赐	RAYMOND WONG STUDIO	香港柴湾70号永泰路柴湾工业城2期802室
53	宋 波	宋波摄影传播机构	上海市长宁区紫云路400弄4号甲二楼
54	陆栋杰	上海映真专业摄影企划有限公司	上海市虹口区三门路767号
55	范 列	南京瞰世摄影设计公司	南京市太平南路305号和园饭店西楼D座
56	林世明	世明摄影设计有限公司	东莞市城区东兴路新兴装饰材料城五楼
57	林其勉	温州市卡罗婚纱摄影公司	温州市人民西路湖滨东楼78号
58	郑宏斌	上海宏斌设计摄影事务所	上海淮海西路442弄89号108室
59	郑永波	沈阳永波设计摄影创意室	沈阳市铁西区腾飞二街9-111号
60	孟 宇	宁波杨旭摄影广告工作室	宁波市范江岸路198弄国际村公寓楼3号3楼
61	金济洲	绍兴光元广告公司	绍兴市中兴南路123号206室
62	罗荣甫	重庆市罗非图片社	重庆市罗非图片社
63	罗雄剑	罗雄剑摄影工作室	广东省广州市华乐路57号华乐大厦北塔18/D
64	郝远征	新华社摄影部摄影室	北京市宣内大街57号
65	赵德成	徐州市大德广告有限公司	江苏省徐州市新沙后巷小区1-4-503室
66	赵 阳	大连午阳商业摄影工作室	大连市中山区一德街9号中粮广场二层
67	赵景亭	广东省中山市开元广告有限公司	广东省中山市东区华夏街怡华苑
68	骆青敏	义乌市稠城海洋摄影图片社	浙江省义乌市稠州北路307号
69	贺建华	深圳市摆渡人摄影设计有限公司	深圳市罗湖区草埔比华利山庄5栋105室
70	姚健堃	Infopoint	香港柴湾永泰道70号柴湾工业城2期14楼1407室
71	胡 兵	广东省中山市开元广告有限公司	广东省中山市东区华夏街怡华苑
72	夏永康	SHYA-LA-IAWORKSHOP IIMITED	香港铜锣湾礼顿道111号1702室
73	钱 晋	北京三维创视形象设计有限公司	北京朝阳区延静里中街3号中国纺织科学研究院主楼624室
74	顾 勇	浙江新闻图片社顾勇商业摄影工作室	杭州清泰街214号504室
75	梁旭辉	白马广告有限公司	广州市沿江中路298号广信江湾大酒店中区商业大厦四楼
76	梁 峰	广州市李氏广告有限公司	广州市中山大道骏景路骏翔轩G座201
77	康 铭	一铭摄影设计工作室	沈阳市沈河区风雨坛街1号船舶大厦401室
78	黄永照	广东新会清纯摄影城	广东新会市会城古榕路44号
79	黄靖远	ALEX PHOTOGRAPHY	香港九龙黄大仙翠竹花园12座14楼A室
80	黄 强	深圳市形色摄影设计有限公司	深圳市福田区燕南路桑达工业区404栋615室
81	隋广义	温州市子午摄影设计有限公司	温州市汤家桥北路荣德家园115号
82	舒 畅	温州市子午摄影设计有限公司	温州市下吕浦二区春晖13幢504室
83	谢伟凡	唐喜形象设计摄影有限公司	广州市天河区龙口西路46号二楼
84	傅百林	温州锐・意商业摄影机构	温州市龟湖路海螺小区2幢118室

邮编	电话	传真	手机	电子邮件
325014	0577-86789199	86789166		
	00852-25616020	25616028	93797520	dannystudio@hkbn.net
510030	020-83640027	83640027	13503046380	
	00852-25202576	25202763	91331511	info@terrychan.com.hk
200041	021-62159542	62159542	13621770276	
210005	025-4713640	4708873	13305175728	
100083	010-62314162		13701124207	Yang_zhijie@163.com
315016	0574-87229580	87229580	13065831988	yxphoto@cnnb.net
510095	020-83586937	83587782	13922241191	huanxiangzhizao@163.com
	00852-25569955	25563323	92557744	rwstudio@netvigator.com
200051	021-62413891	32116170	13801753068	songbo@studio-songbo.com
200439	021-65367266	65367255		yingzhen@online.sh.cn
210002	025-4405561-4011		13805189883	
523106	0769-2695895	2637890	13509809969	dgsm@21cn.com
325000	0577-88265180	88265180	13505777076	
200052	021-52897303	62838946	13901870574	
110021	024-25919470		13604215945	
315016	0574-87229580 87227292	87229580		
312000	0575-5220555	5223222	13706758620	
400014	023-63504022		13708377916	
510060	020-83874776	83868526		
100052			13901056193	
221009	0516-3816225	3816225		
116001	0411-2534040	2534340	13998519795	zyph2001@yahoo.com.cn
528400	0760-8381718	8381718	1360030260	kaiyuan@pub.zhongshan.gd.cn
322000	0579 - 5542324		13806795360	Haiyang0810@163.com
518019	0755-25672866	25687664	13903028180	ferryman@szonline.net
	00852-25588110	25588410		
528400	0760-8381718	8381718		kaiyuan@pub.zhongshan.gd.cn
	00852-25753808	28310069		cathy@atworkshop.com
100025	010-65014497	65930196	13601282925	qj@ml.ctei.gov.cn
310009	0571-87803057	87825761	13306710008	lansedangan@163.com
510100	020-83284232	83284241	13005114242	L83374633@21cn.com
510630	020-84218171	84218172	13602878525	
110011			13032450089	
529100	0750-6610381	6610381	13702599754	Hippoaa@21cn.com
	852-23253697	31038098		
518031	0755-83212707	83240097	13509644736	Sensate@21cn.com
325000	0577-86518851	86518871	13175608872	
325000			13566228315	
510630	020-87598261	87598261	13802786804	
325000	0577-88840821	88825457	13806895680	rayphoto@163.net

编委会

Board of Ediors

Canon
EOS
DIGITAL
Canon
EOS
10D
CANON ZOOM LENS EF 24-85mm 1:3.5-4.5
数码点燃激情
灵感一触即发
EOS 10D
EOS 10D数码单镜头反光相机，
拥有实现梦想的数码力量。
POWERED BY DiG!C
＊镁合金机身 ＊DIGIC数字影像处理器
＊630万有效像素CMOS图像感应器
＊7点自动对焦 ＊直接打印功能
新！
EF 17-40mm f/4 L USM
EF镜头系列
咨询单位：
佳能(中国)有限公司 电话: (010) 85298488
上海分公司 电话: (021) 63916500 广州分公司 电话: (020) 38771918 成都分公司 电话: (028) 86203909
沈阳分公司 电话: (024) 22812271 武汉分公司 电话: (027) 87322829 西安分公司 电话: (029) 7203368
佳能照相机 数码相机 数码摄像机 热线电话：北京(010)85298478 / 上海(021)63915766 / 广州(020)38824282
欢迎访问佳能公司主页 http://www.canon.com.cn 欢迎访问佳能数码相机英文主页 http://web.canon.jp/Imaging/BeBit-e.html
如索取佳能数码单反相机资料，请将索取劵填妥剪下贴在信封正面，寄至佳能(中国)有限公司 地址: 北京市朝阳区光华路1号 北京嘉里中心北楼15层 邮编: 100020
索 取 券 SYNJ-EOS 10D
年龄 性别 职业
事业单位□ 国企□ 外企□ 民营／私营□

u2 CE影室闪光灯
（300-1000W・S）
全光回电0.8秒
u2-3000W・S全光回电2.5秒
u2 e系列专业闪光灯（六级光圈调节范围
过零触发，保护数码相机。
关机、调节自卸电，延长电容寿命。
闪灭、蜂鸣双提示。
效果光、闪光双调单调功能。
灯底设平衡移动装置。
闪光光速2400分之一秒。
u2 3000-7000W.S闪光灯电源箱
专业数码相机及数码后背选用CCD光电转换藕合组件，CCD成像质素高，表面由许多感光微晶体组成，通常以百万像素为单位。当CCD做为焦平面接受由镜头进入的光线时，每个感光微晶体，将光转为电荷信号反映在组件上，经存储而成影像。
目前有人误以为有了专业数码相机、数码后背就不用灯光或少用灯光，从科学严谨的方法讲：在光线不足的情况下，用数码后背拍摄会使CCD光电转换损失掉很多像素，清晰度下降，画面中伴有较多的杂信。
用数码后背进行拍摄时，用光功率要大，闪光光速要高，用小光圈，这样可使像素达到CCD技术设定值，所拍图片纤毫毕现，影像清晰度锐利，直接用于后期印刷及输出，其影像质量达到或超过传统胶卷。
U2大功率1500-3000W・S影室灯、大功率闪光灯电源箱为满足数码后背用户而开发研制，彻底解决了数码后背用光不足问题，是广大摄影师理性的选择。U2体现了今天的科技进步，明天我们将做的更好。U2就是创造力。
u2-KT7000
u2-KT6000
u2-AT5000
u2-KT3000
u2 PHOTON
SUPER ENERGY LIGHT
u2系列产品
大功率闪光灯电源箱
烟雾造型机
影室闪光灯
幻影彩泡机
光子超能灯
专业闪光灯
雪花机
移动闪光灯
深圳市聚福德实业发展有限公司
SHENZHEN JUFUDE DEVELOPMENT INDUSTRY CO., LTD.
TEL: 86-755-25405013 25405014
FAX: 86-755-25527647 Pc: 518003
http://www.199u2.com
E-mail:u2_photo@199u2.com
北京专卖店 88119749转215
武汉专卖店 82809063
上海专卖店 65418613
成都专卖店 86417280
长沙专卖店 2275319
u2-2002移动闪光灯

图书在版编目(CIP)数据

中国广告摄影年鉴/陈永主编.－北京：中国摄影出版社，2003.8
ISBN 7-80007-666-0

I.中... II.陈... III.广告－摄影艺术－作品集－中国－现代 IV.J422.9

中国版本图书馆CIP数据核字（2003）第074550号

责任编辑：萨社旗

书　　名：中国广告摄影年鉴
主　　编：陈　永

出版发行：中国摄影出版社(北京东单红星胡同61号)
发行部电话：(010)65136125　邮编：100005
制版印刷：北京雅昌彩色印刷有限公司
开　　本：16开
印　　张：16
版　　次：2003年9月第一版第一次印刷
印　　数：3000册
书　　号：ISBN7-80007-666-0/J·666
定　　价：230元